STEP 3

손으로 생각하는 사고력 수학 시리즈

챌린지 CHALLENGE

입체칠교

JN444899

몬스터매스 챌린지의 활용법

입체 칠교를 활용하여 수학의 5대 영역(수와 연산, 도형, 측정, 자료와 가능성, 규칙성)의 내용을 골고루 학습합니다.

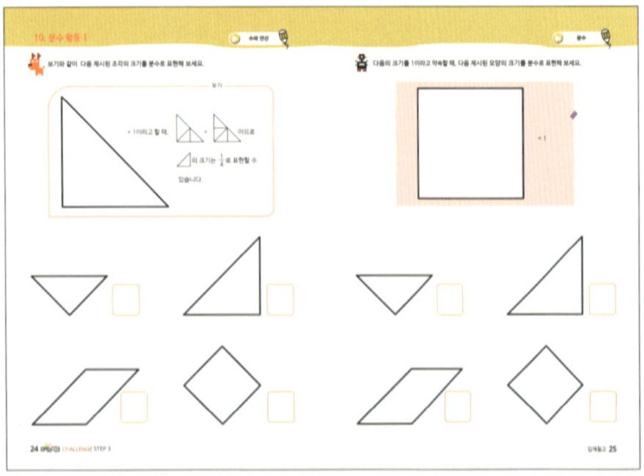

칠교판의 수학적 의미에 대한 스토리는 아이들에게 흥미를 이끌어내도록 합니다.

아이들의 흥미를 위해 스티커( ), 놓아보기( ), 색칠하기( ), 연필로 그려보기( ) 등 다양하게 활동하도록 합니다.

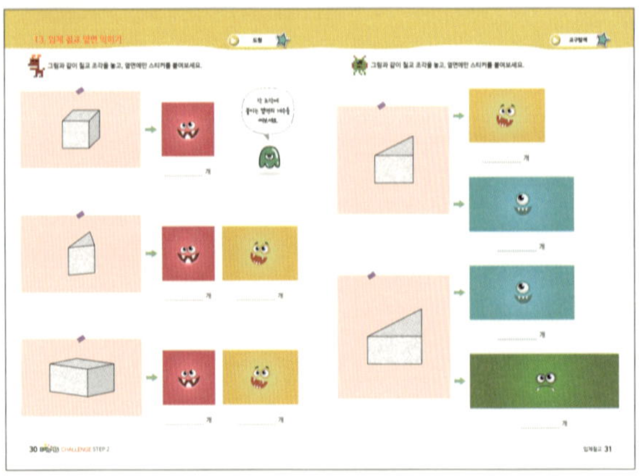

티칭 가이드를 통해 주제에 따른 학습 내용과 지도에 대한 팁을 활용합니다.

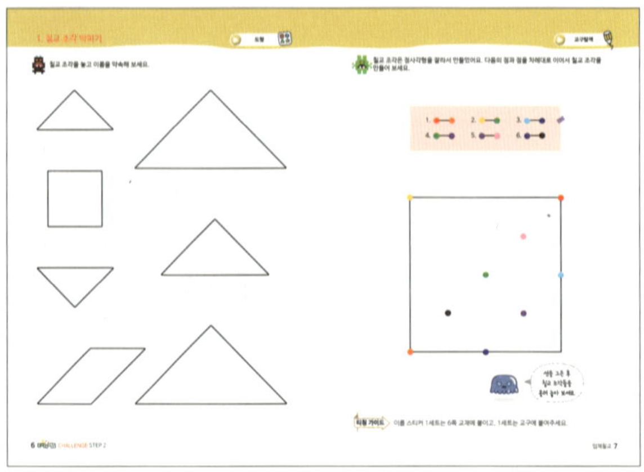

학습효과

1. 수학의 5대 영역에 대하여 폭넓게 익히고, 경험할 수 있습니다.
2. 특히 영재성의 기본인 공간지각력을 키우고, 공간 구조를 익힐 수 있습니다.
3. 어려운 문제를 해결해냄으로써 성취감을 높여줍니다.
4. 문제 해결을 위한 전략적인 사고는 생각하는 힘을 길러줍니다.

CONTENTS

너무 재미있겠다~
빨리 빨리
시작해요~

STORY

칠교 이야기

칠교는 우리에게 가장 익숙한 교구 중 하나입니다.
정사각형을 아래와 같이
큰 직각삼각형 2개, 중간 직각삼각형 1개,
작은 직각삼각형 2개,
정사각형 1개, 평행사변형 1개로
분할한 일곱조각을 칠교판이라고 해요.

칠교 조각으로 여러 가지 모양을 맞추고 꾸미며 놀이를 할 수 있어요.

우리 나라에서는 이 놀이를 하면 지혜가 길러진다고 해서 지혜판,

손님을 머무르게 하는 판이라고 하여 유객판이라고도 하고,

서양에서는 탱그램(Tangram)이라고 불리운답니다.

칠교 조각으로 대부분 평면 모양 맞추기 활동을 많이 해 보았을 텐데요~

챌린지에서는 입체로 된 입체 칠교를 가지고

평면 활동 뿐만 아니라

평면인 칠교에서는 할 수 없는 옆면을 익히고,

이를 이용하여 모양을 맞춰보고

세워보는 활동을 통해서 입체 감각을 키워봅니다.

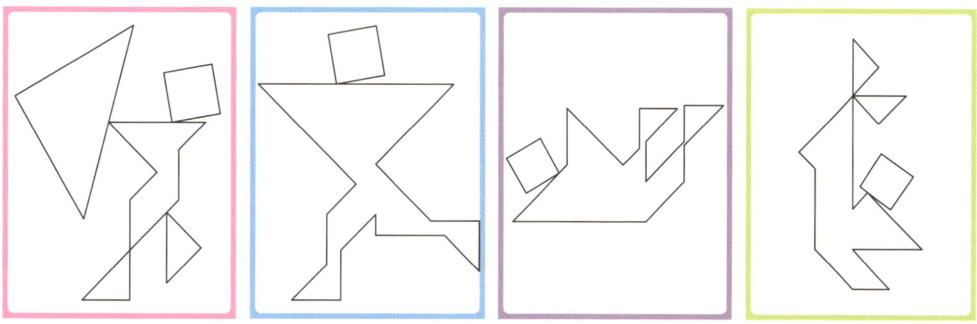

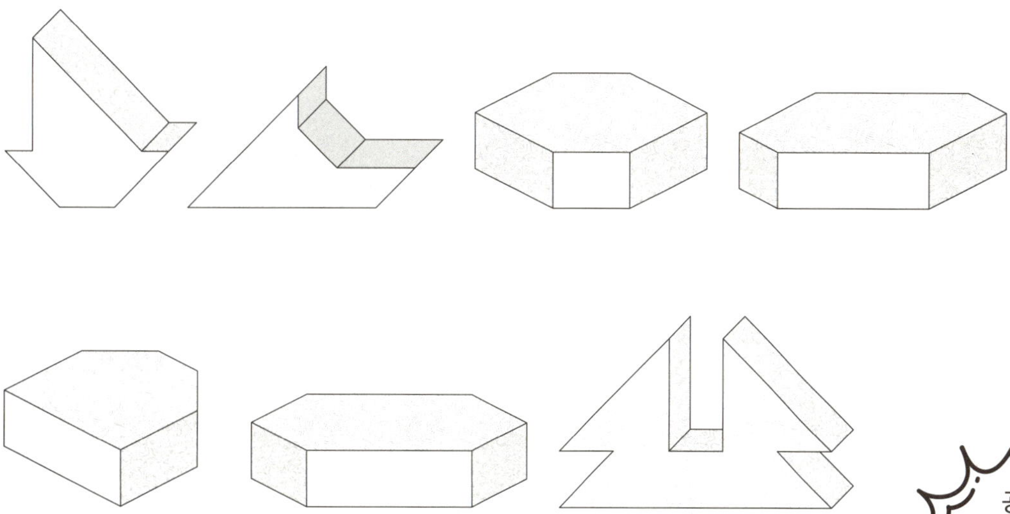

칠교 조각을 놓고 이름을 약속해 보세요.

이름 스티커 1세트는
6쪽 교재에 붙이고,
1세트는 칠교 조각 윗면에
붙여주세요.

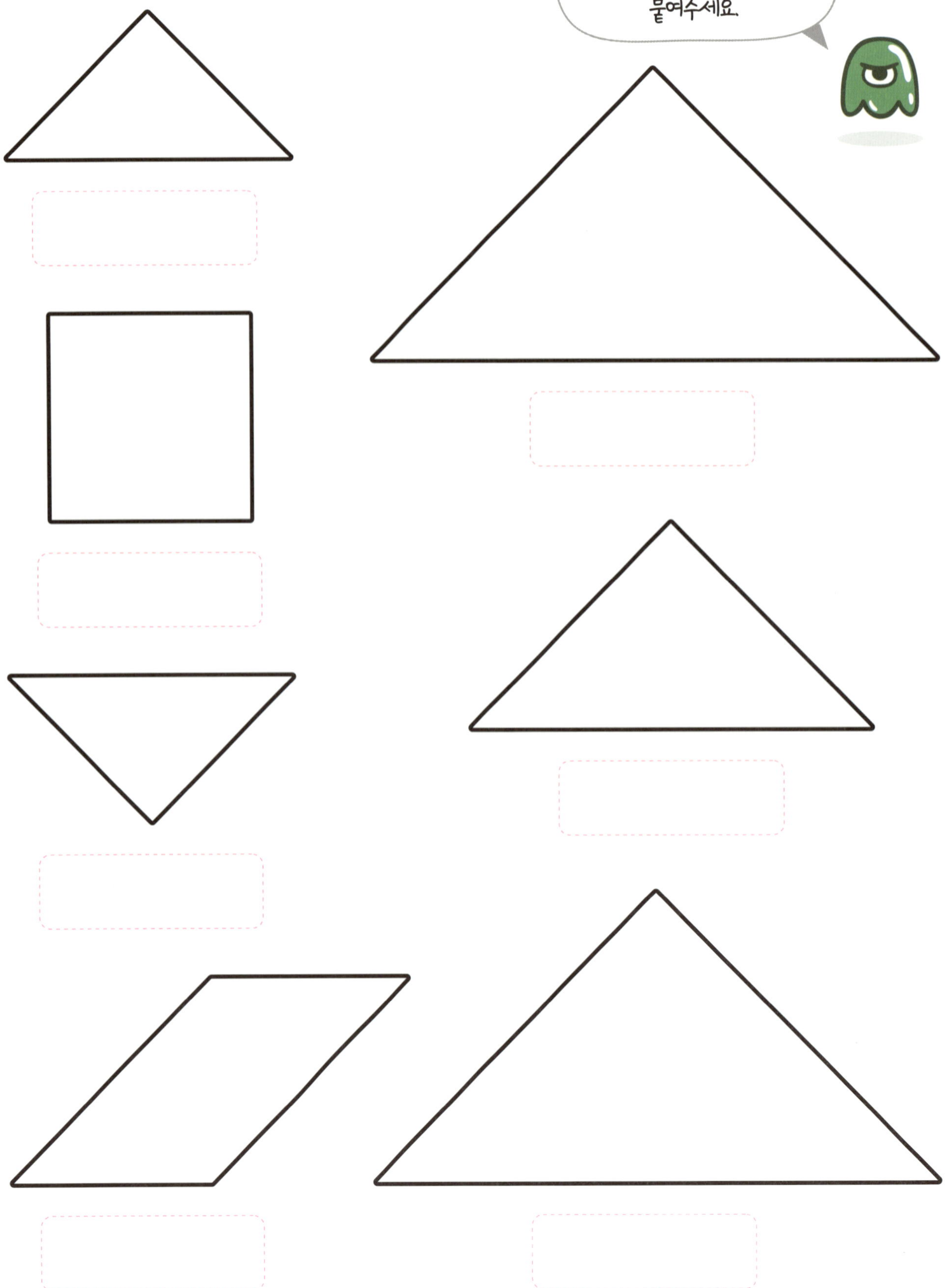

다음은 칠교 조각의 옆면의 모양입니다. 조각의 옆면에 알맞은 스티커를 붙여보세요.

티칭 가이드

1. 칠교 조각은 입체 모양이지만 조각의 이름은 평면도형 이름으로 약속합니다.
2. 정사각형 조각의 경우, 옆면에만 스티커를 붙여주세요.

2. 크기 구하기

작은 삼각형의 크기를 1이라고 약속합니다. 칠교 조각의 크기를 구해보세요.

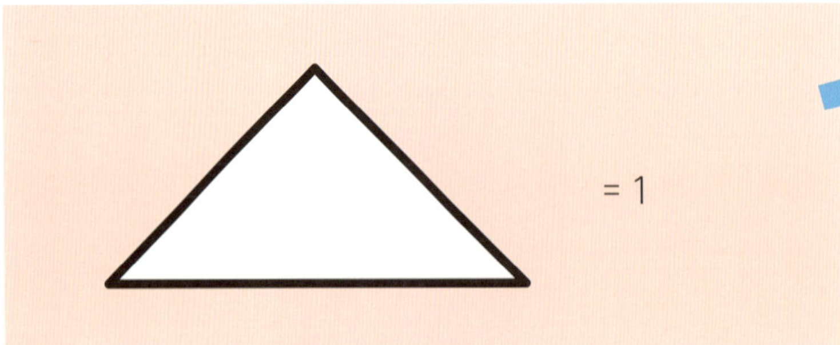

크기 : ________________

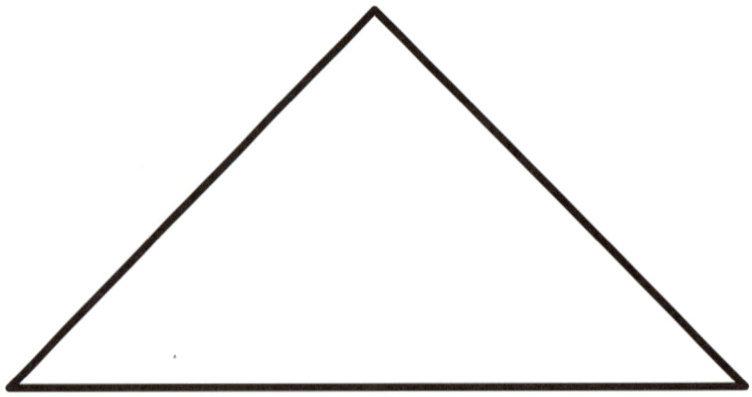

크기 : ________________

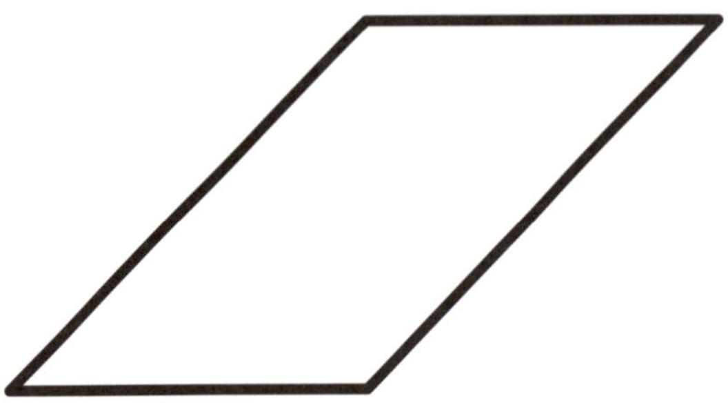

크기 : ________________

크기 : ________________

작은 삼각형의 크기를 1이라고 약속합니다. 다음 모양을 칠교판으로 맞추고 크기를 구해보세요.

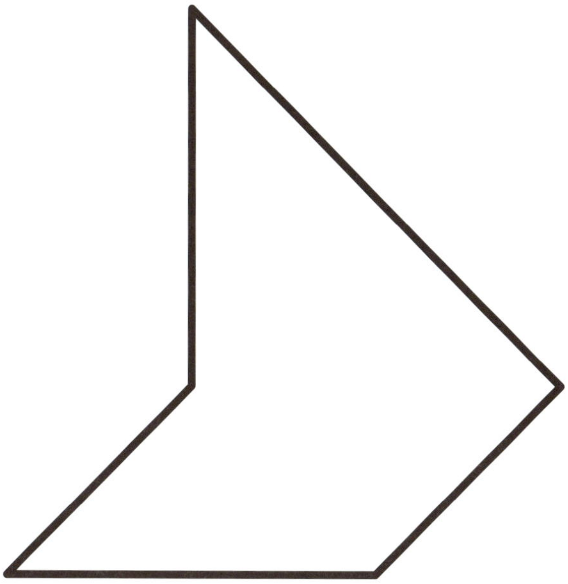

크기 :

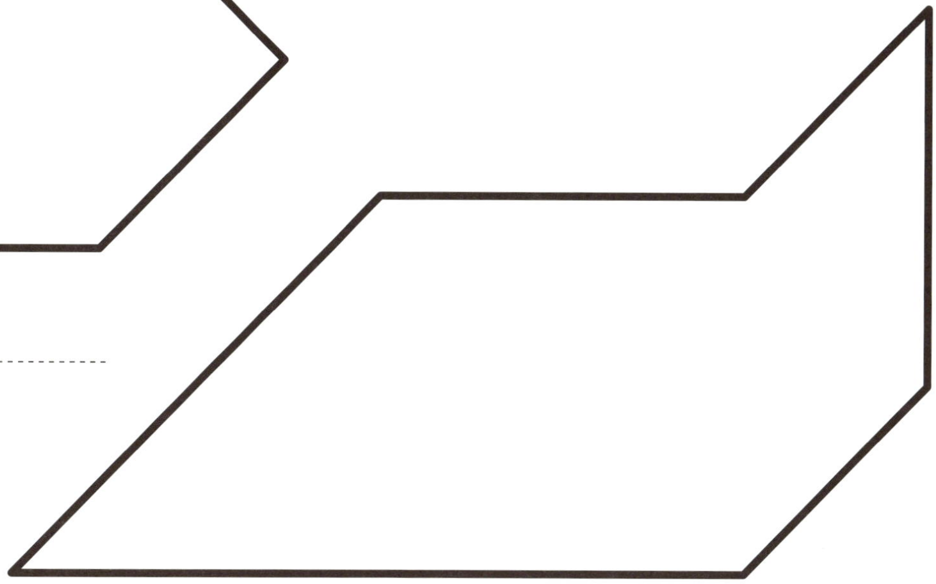

크기 :

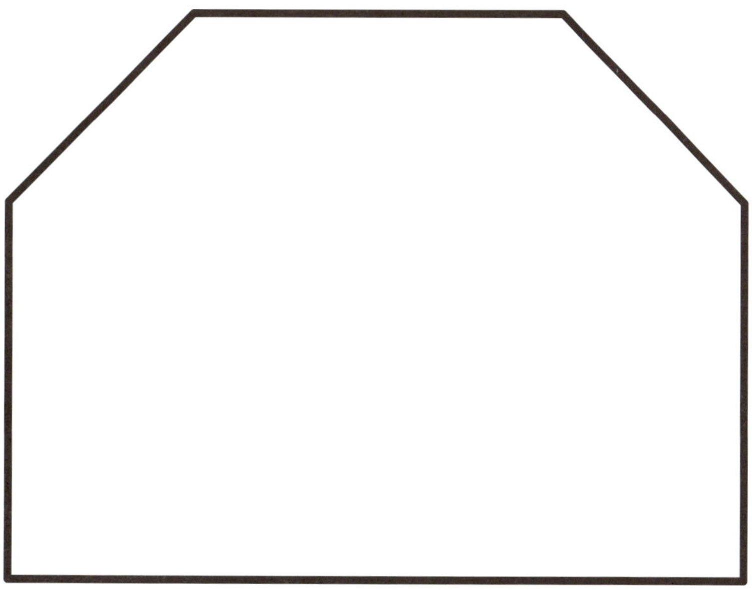

크기 :

다음 모양을 만들고, 맞춘 모양을 축소 격자판에 따라 그려보세요.

3조각으로 맞추기

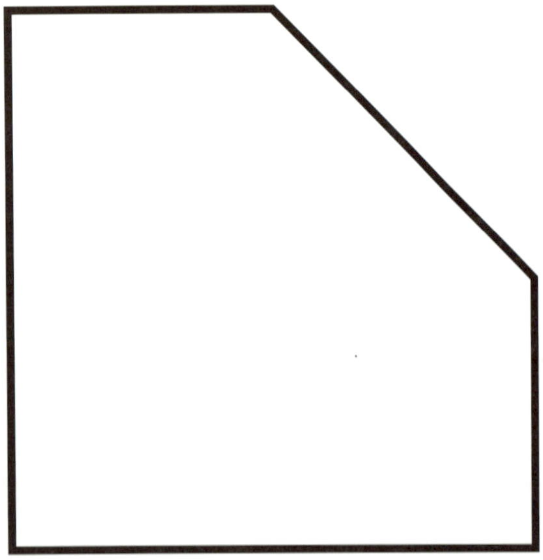

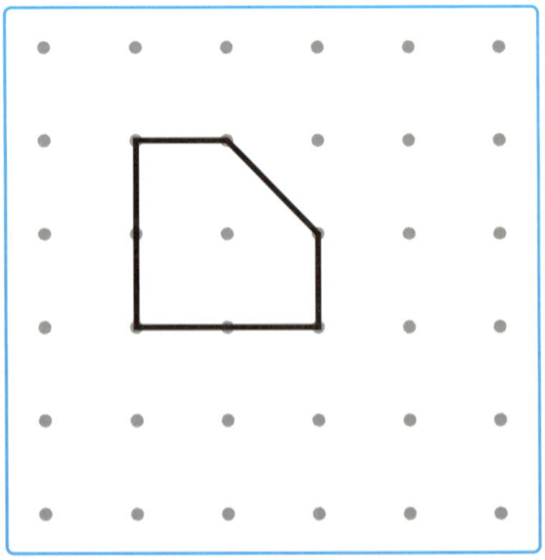

4조각으로 맞추기

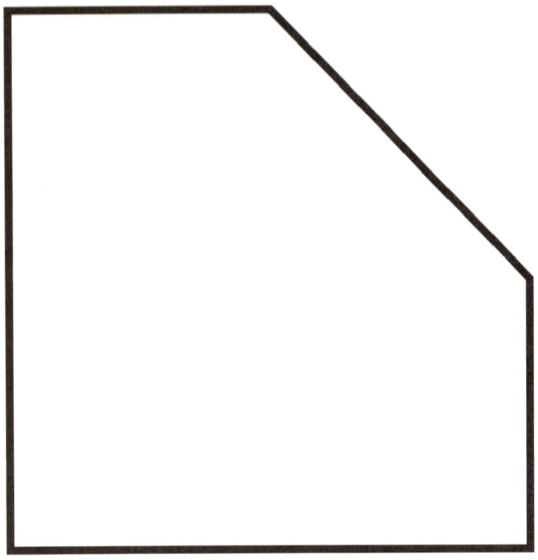

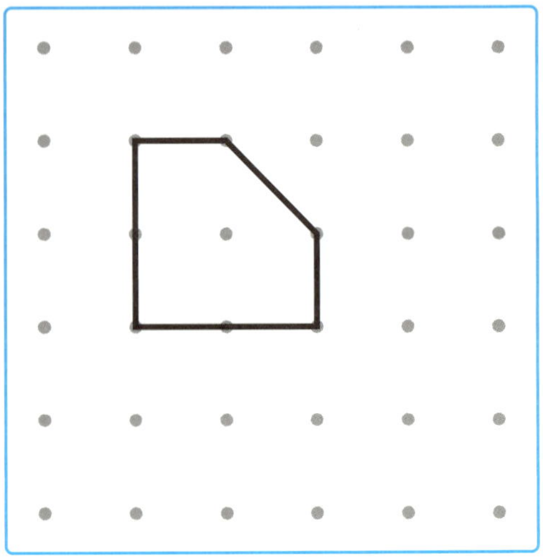

다음 모양을 만들고 맞춘 모양을 축소 격자판에 따라 그려보세요.

2조각으로 맞추기

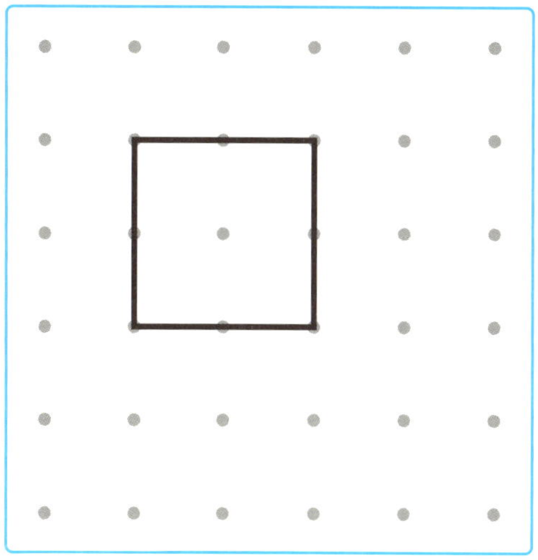

5조각으로 맞추기

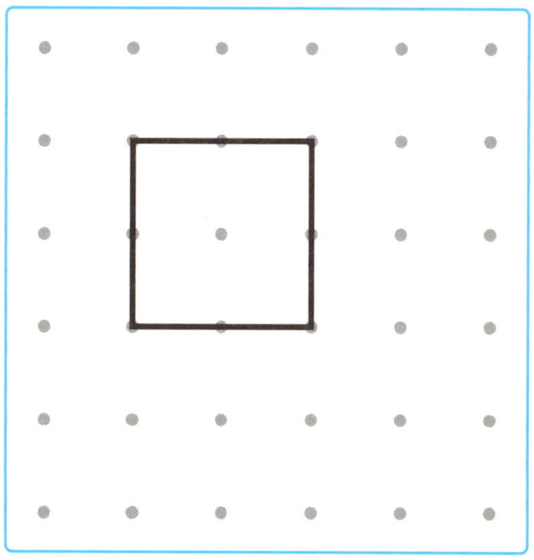

4. 크기가 다른 삼각형 만들기 1

도형

칠교판으로 크기가 다른 삼각형을 만들려고 합니다. 작은 삼각형의 크기를 1로 약속할 때, 제시된 조건에 맞는 삼각형을 모두 만들고, 만든 방법을 격자판에 그려보세요.

보기

크기가 1인 삼각형

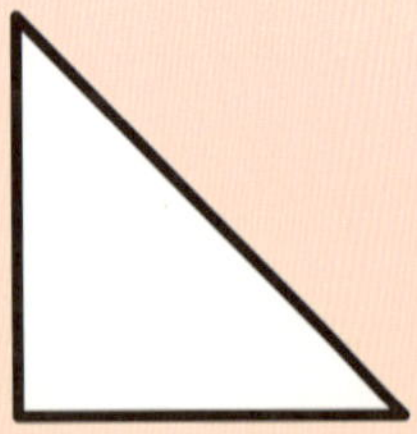

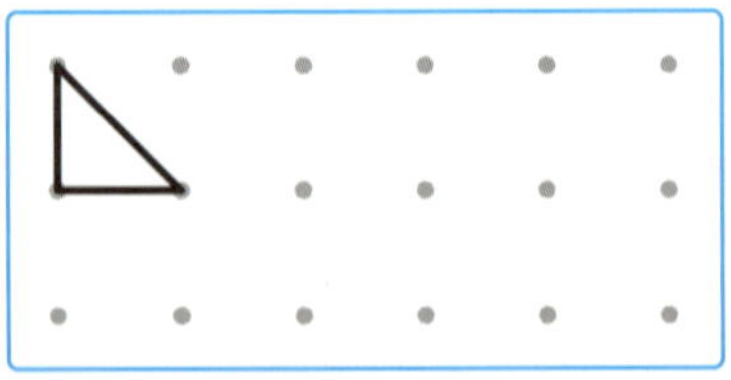

(1) 크기가 2인 삼각형

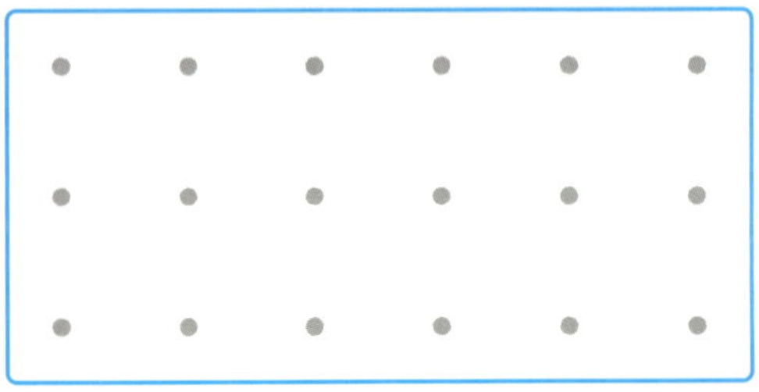

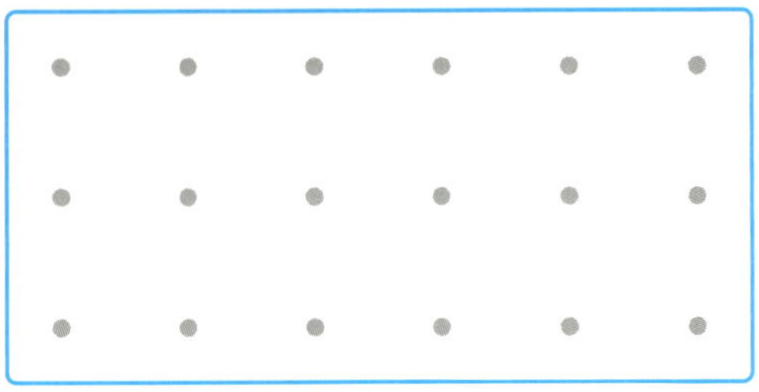

작은 삼각형의 크기를 1로 약속할 때, 제시된 조건에 맞는 삼각형을 모두 만들고, 만든 방법을 격자판에 그려보세요.

(2) 크기가 4인 삼각형

5. 크기가 다른 삼각형 만들기 2

도형

작은 삼각형의 크기를 1로 약속할 때, 제시된 조건에 맞는 삼각형을 모두 만들고, 만든 방법을 격자판에 그려보세요.

(3) 크기가 8인 삼각형

작은 삼각형의 크기를 1로 약속할 때, 제시된 조건에 맞는 삼각형을 만들고, 만든 방법을 격자판에 그려보세요.

(4) 크기가 16인 삼각형

6. 각의 크기 1

측정

작은 삼각형은 직각이등변삼각형입니다. 나머지 칠교 조각들의 각도를 구해보세요.

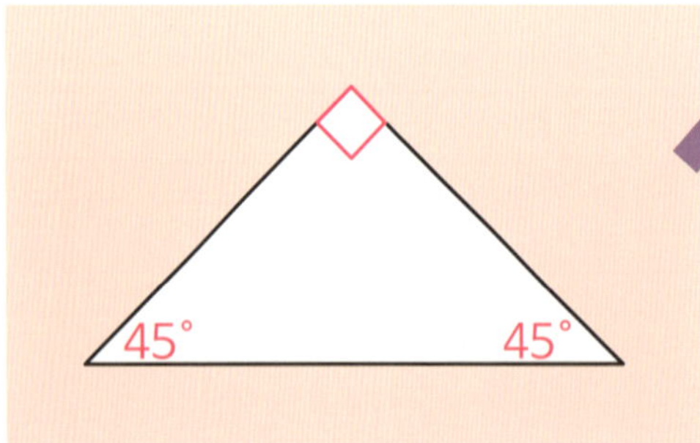

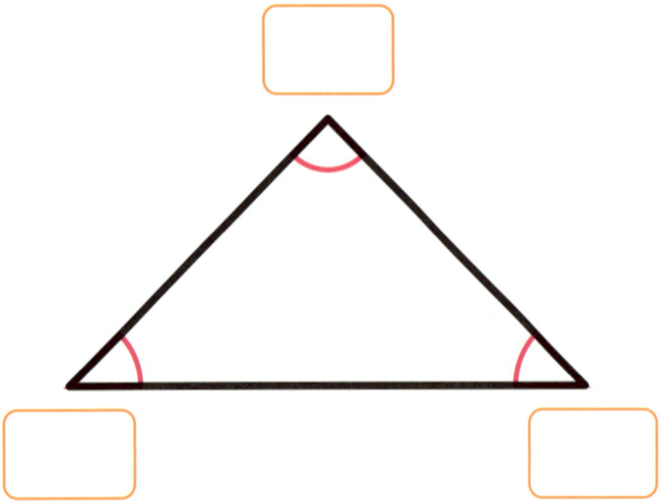

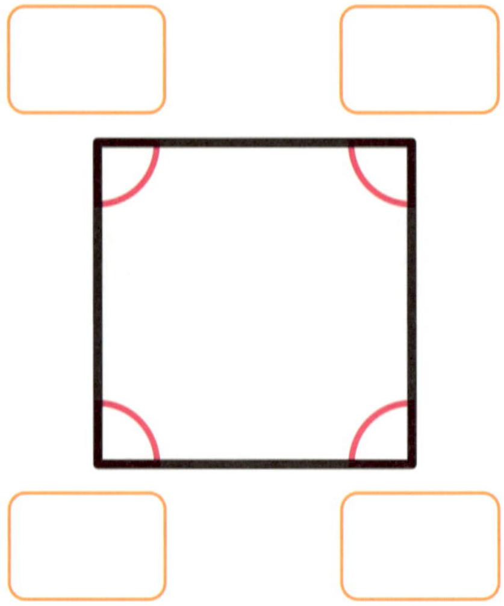

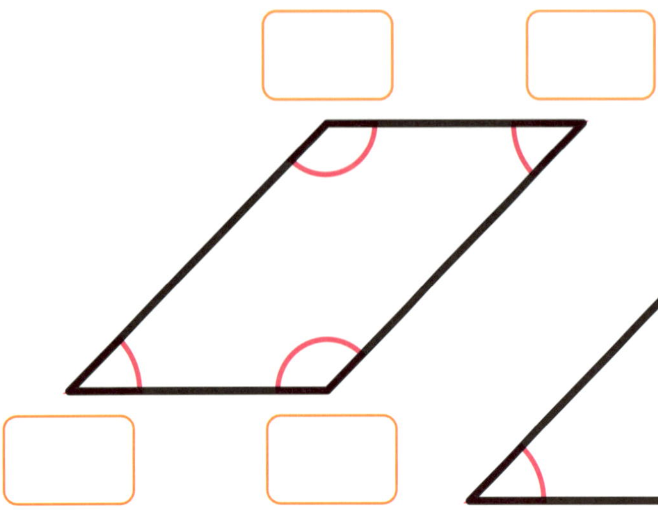

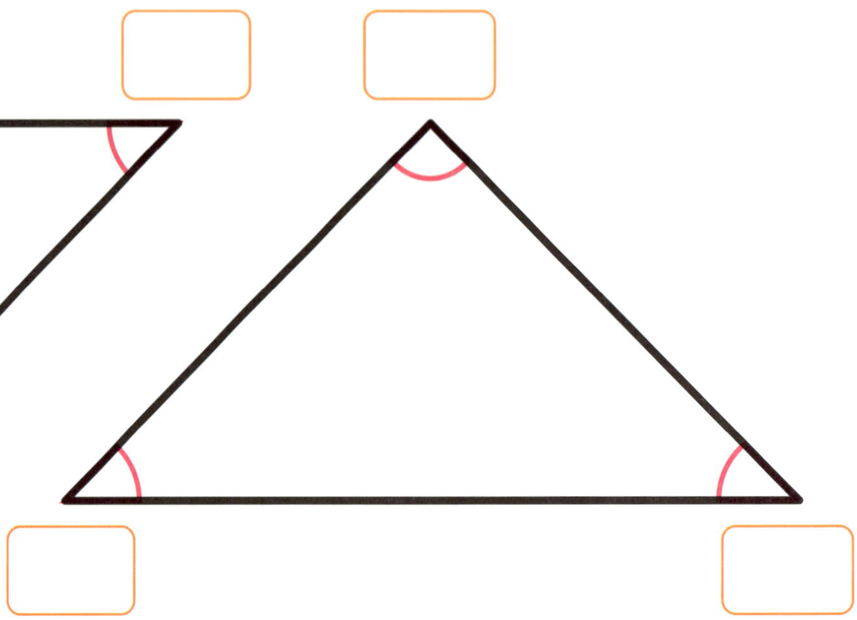

다음 모양을 맞추고 각도를 구해보세요.

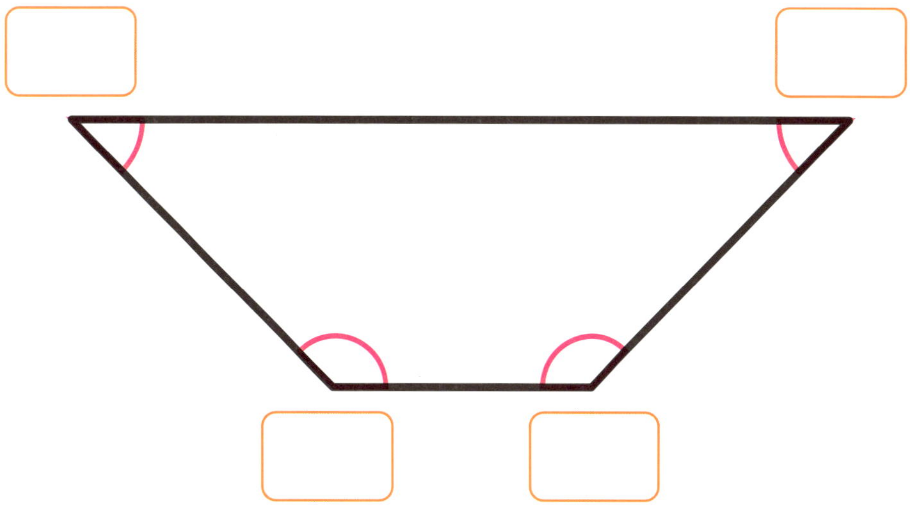

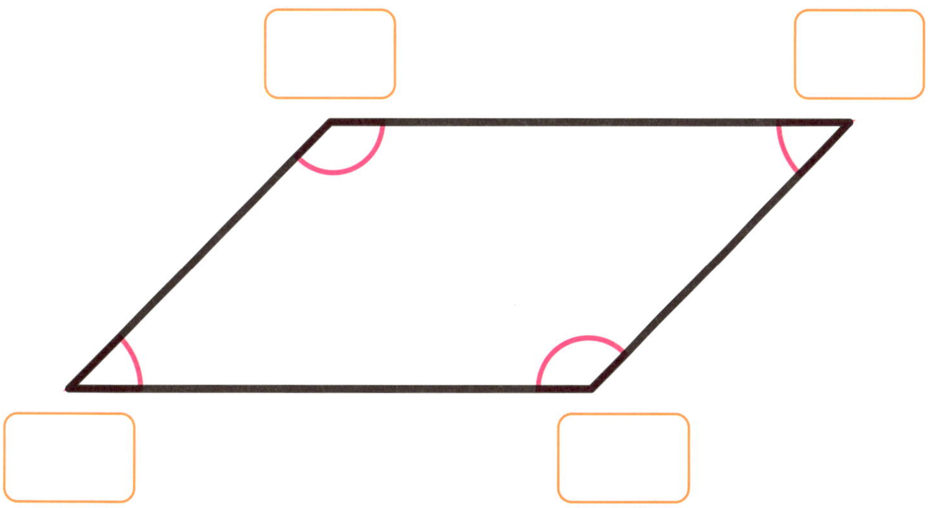

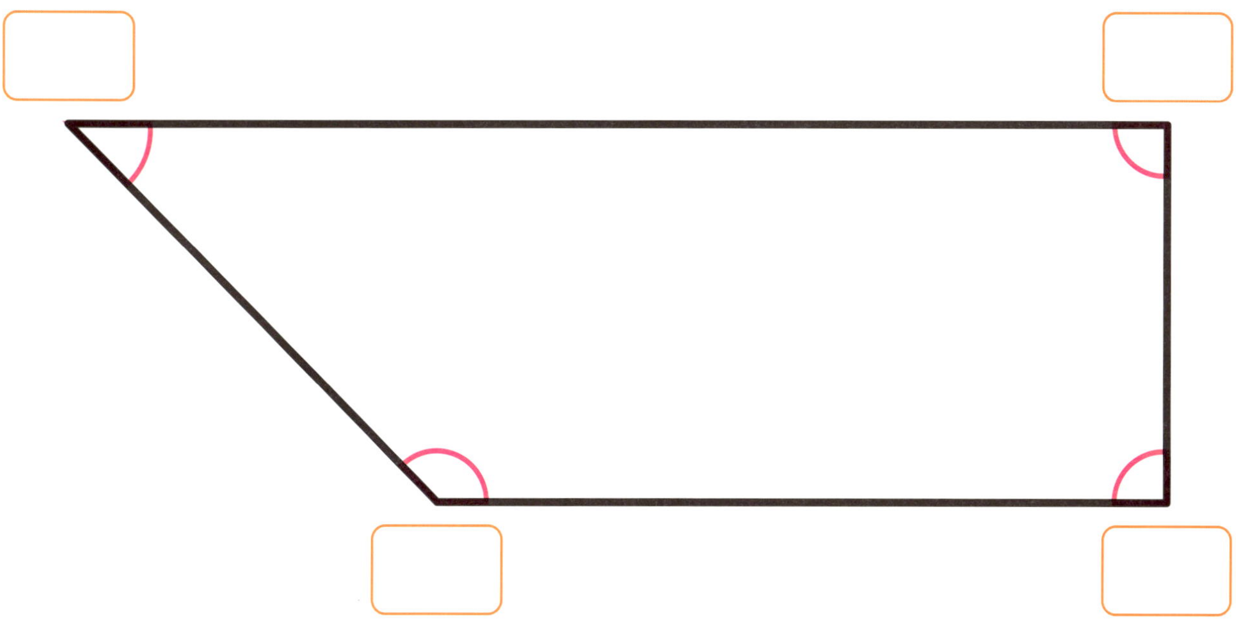

다음 모양을 맞추고 각도를 구해보세요.

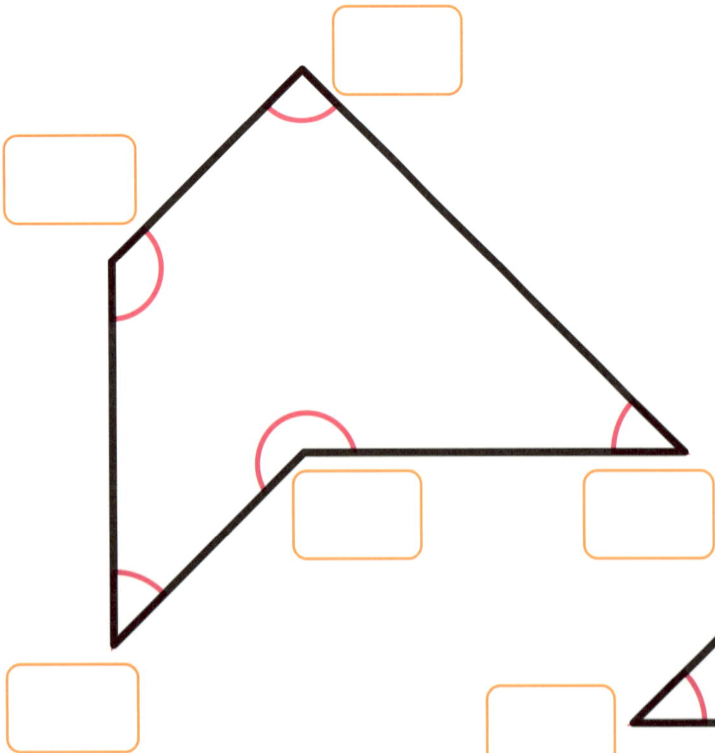

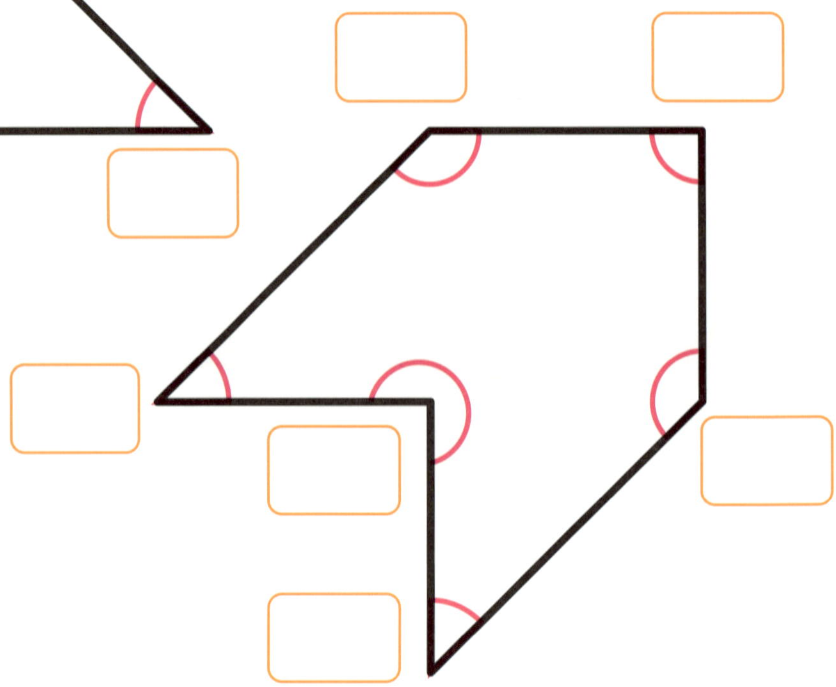

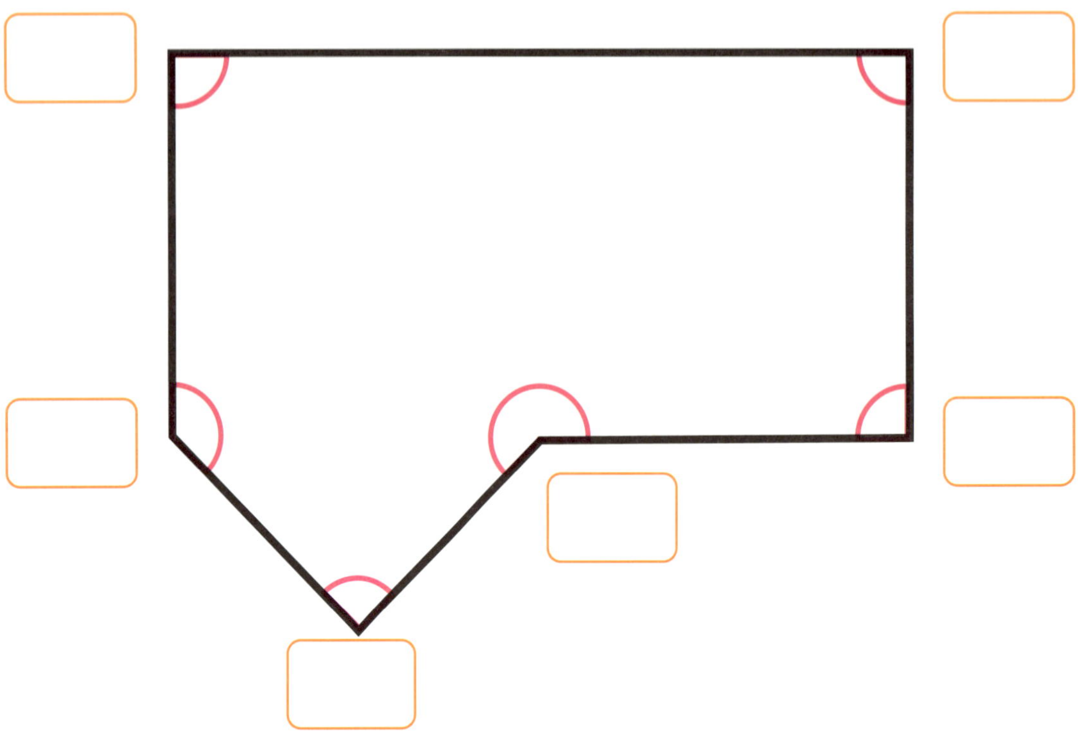

다음 모양을 맞추고 각도를 구해보세요.

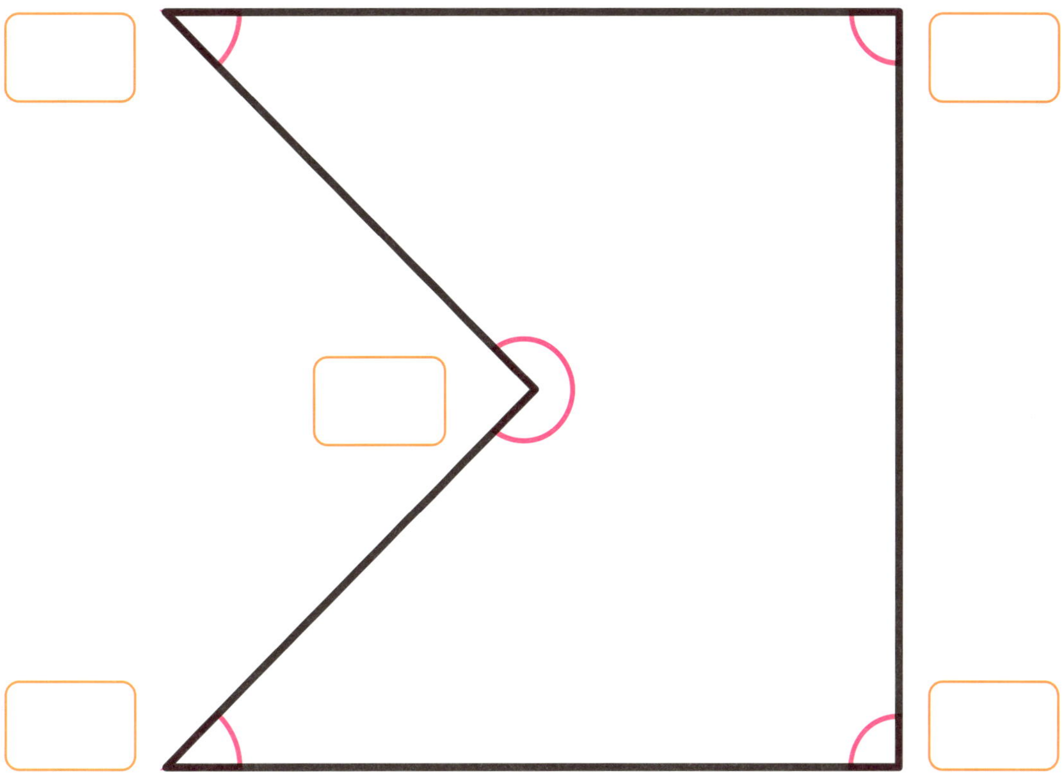

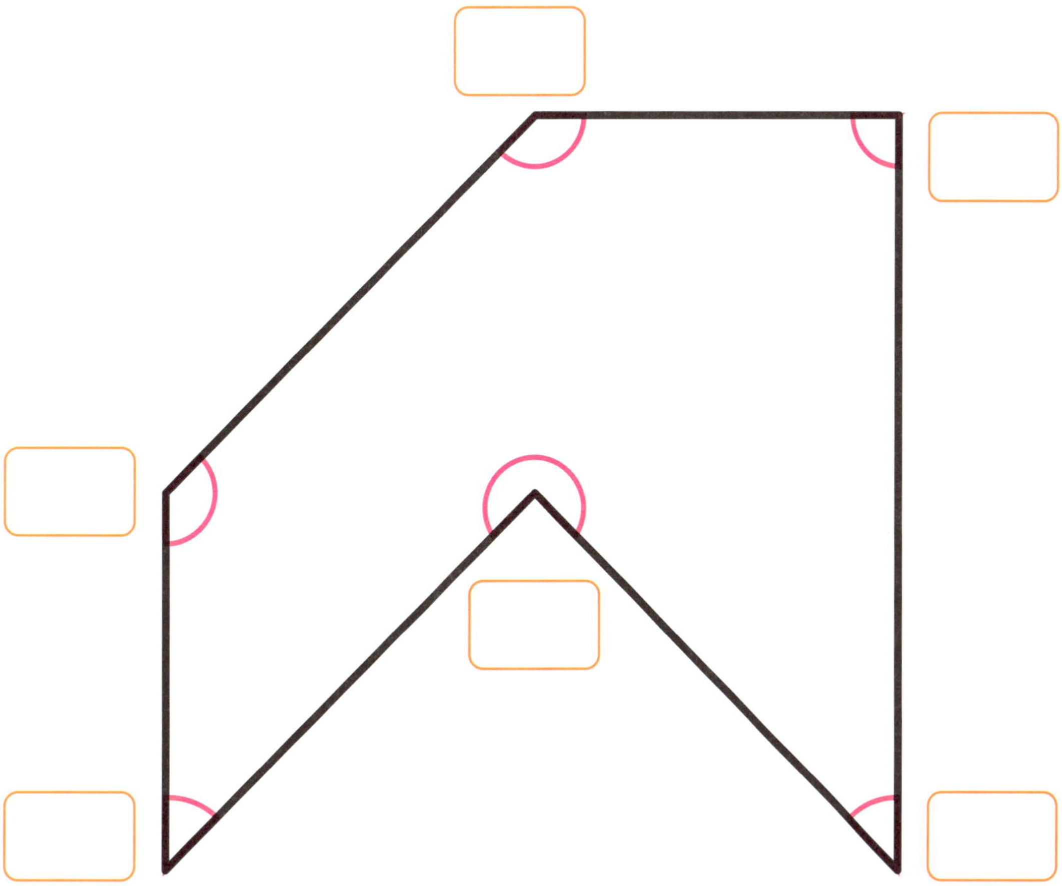

8. 크기 비교하기 1

측정

작은 삼각형의 크기를 1이라고 할 때, ㉮와 ㉯ 중 어느 것이 더 큰지 예상하고 크기를 구하여 확인해 보세요.

가

예상	확인

나

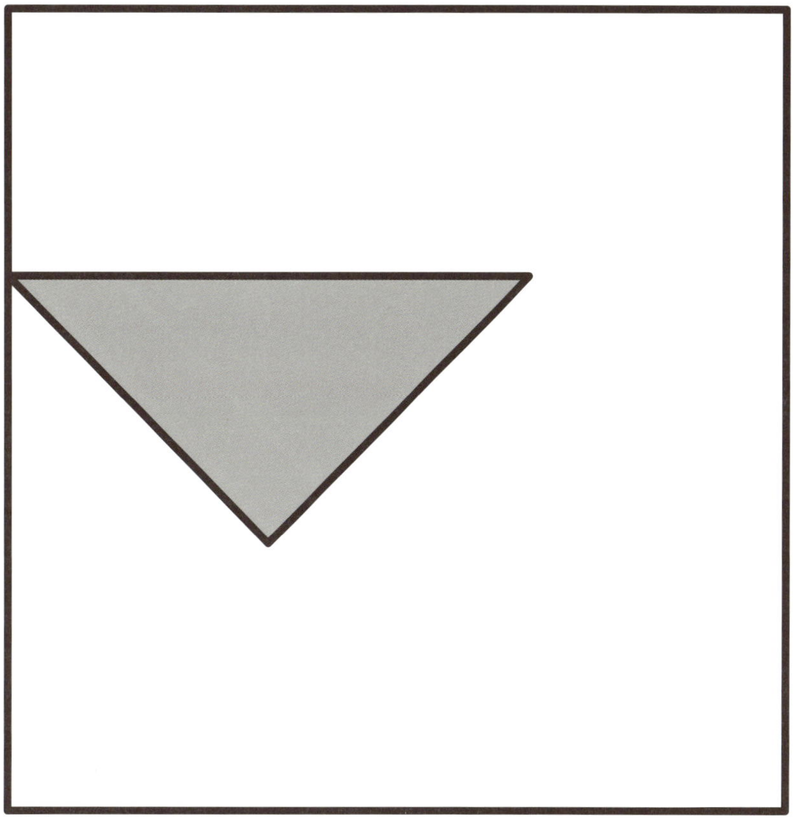

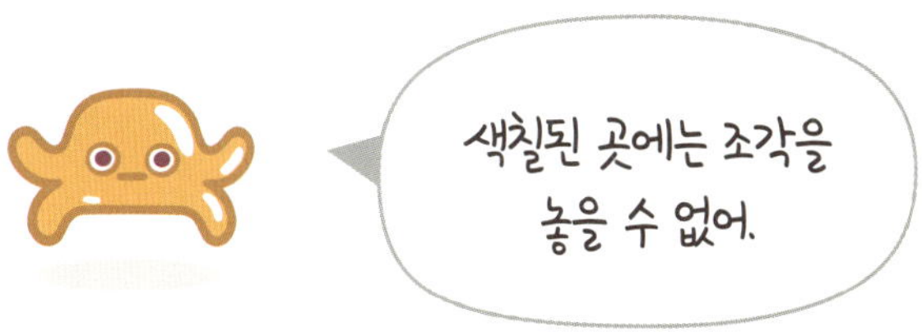

9. 크기 비교하기 2

작은 삼각형의 크기를 1이라고 할 때, 가 와 나 중 어느 것이 더 큰지 예상하고 크기를 구하여 확인해 보세요.

예상	확인

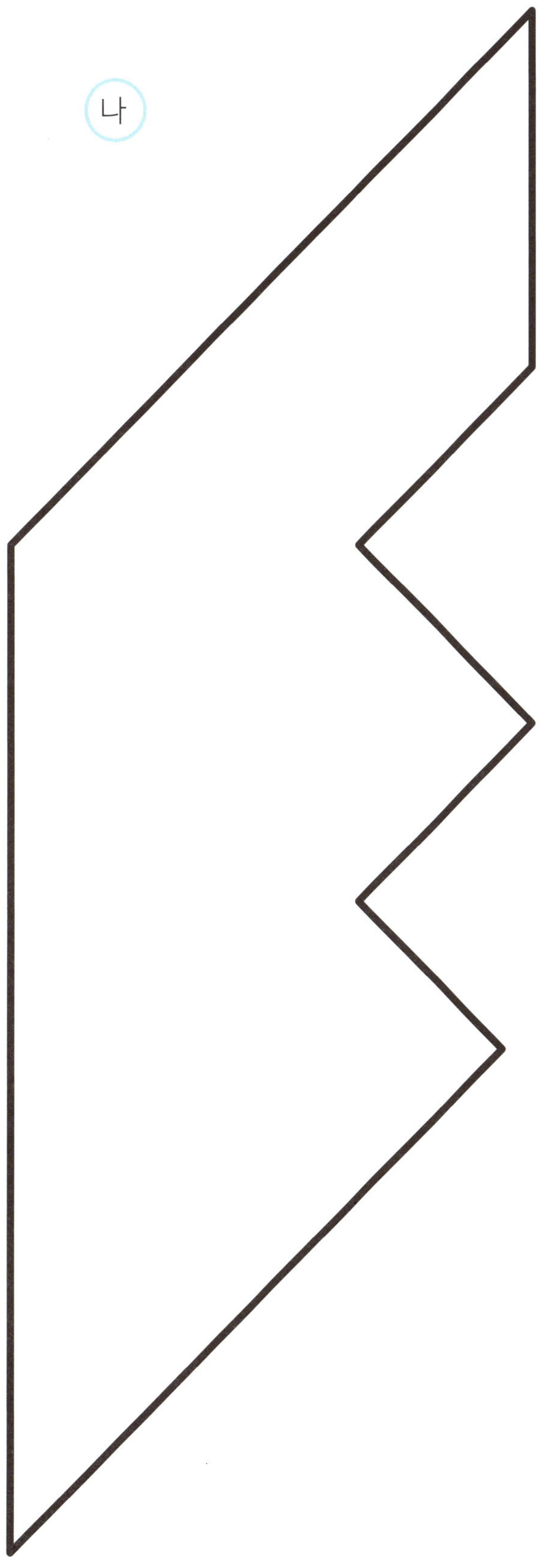
나

10. 분수 활동 1

수와 연산

보기와 같이 제시된 조각의 크기를 분수로 표현해 보세요.

보기

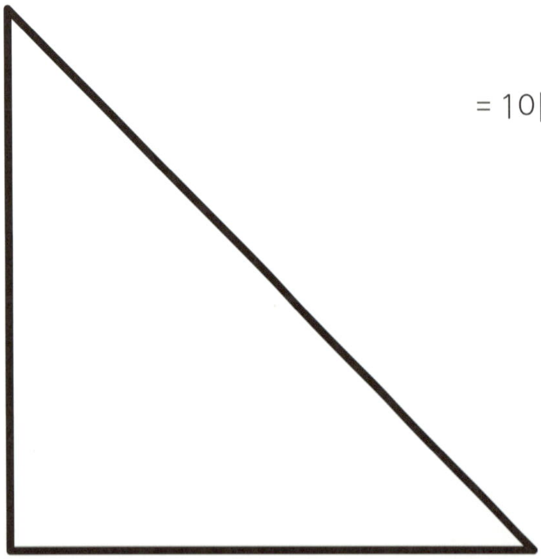

= 1이라고 할 때, 칠교 조각으로 맞추면

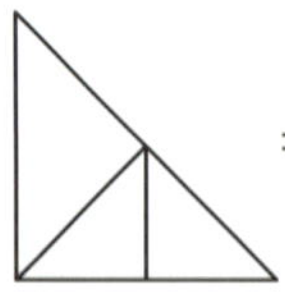

=

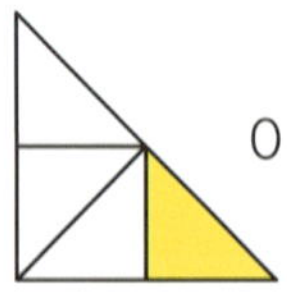

이므로

작은 삼각형의 크기는 $\frac{1}{4}$로

표현할 수 있습니다.

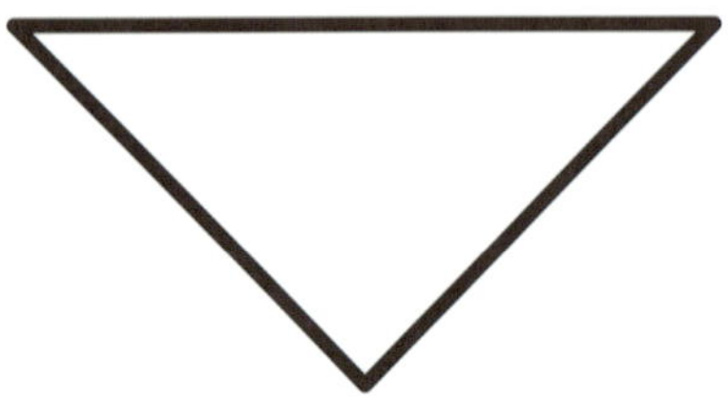

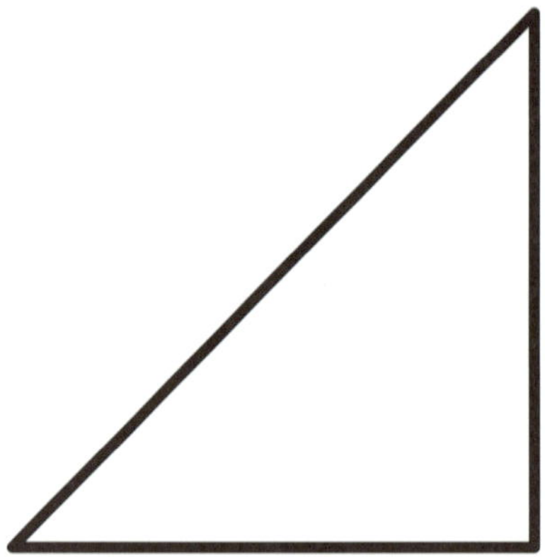

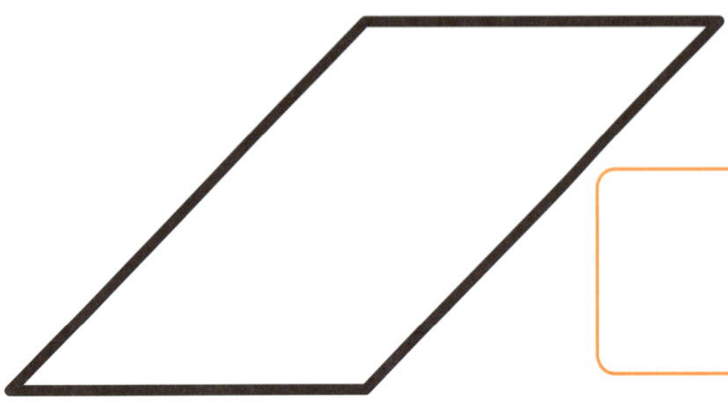

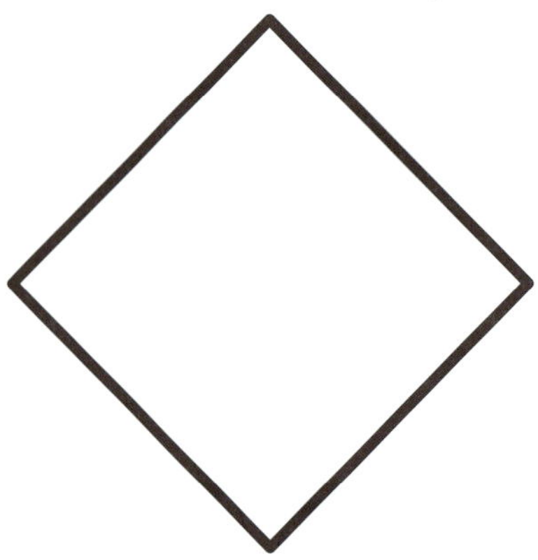

다음의 크기를 1이라고 약속할 때, 제시된 모양의 크기를 분수로 표현해 보세요.

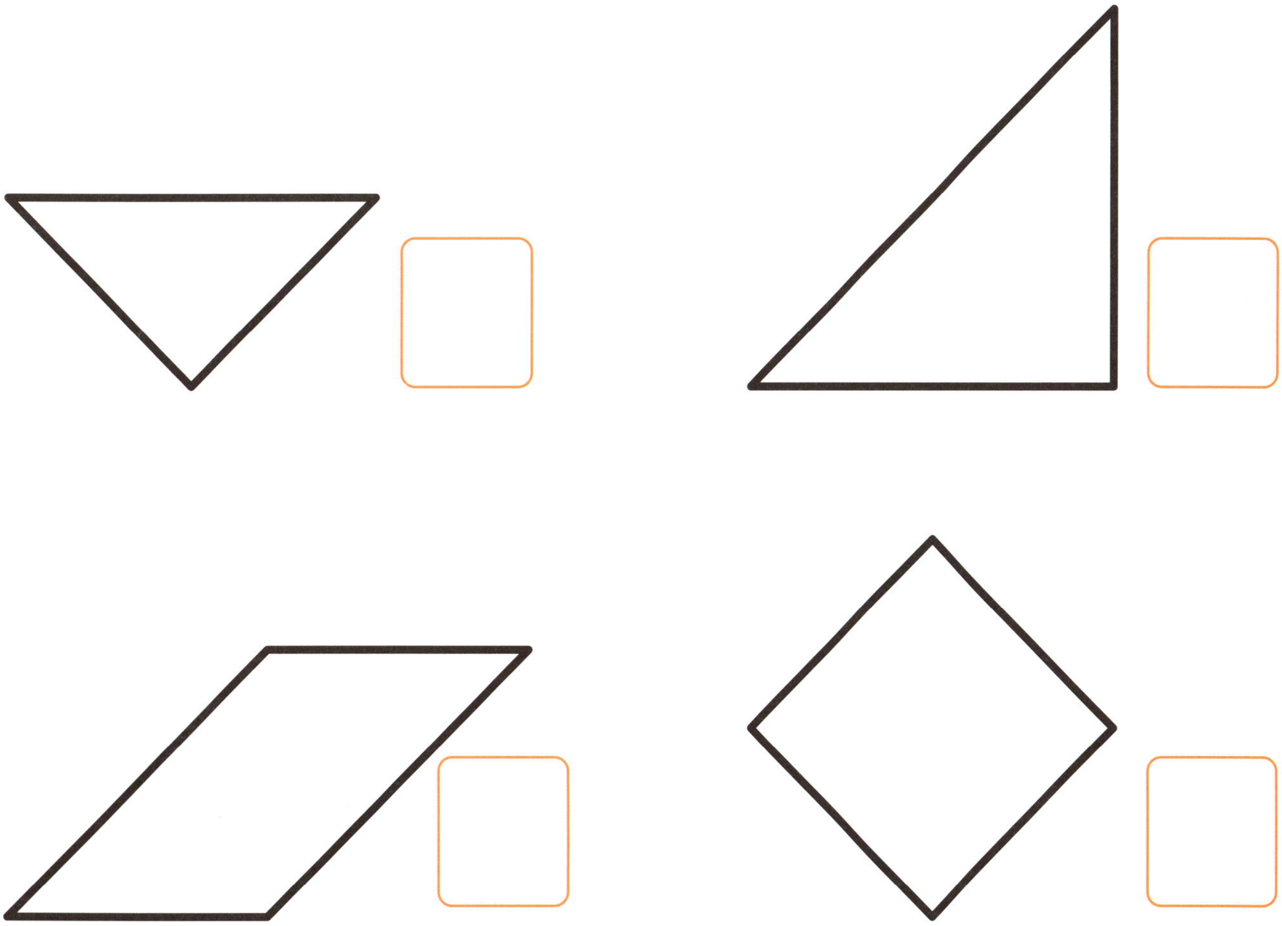

11. 분수 활동 2

다음의 크기를 1이라고 약속할 때, 제시된 모양의 크기를 분수로 표현해 보세요.

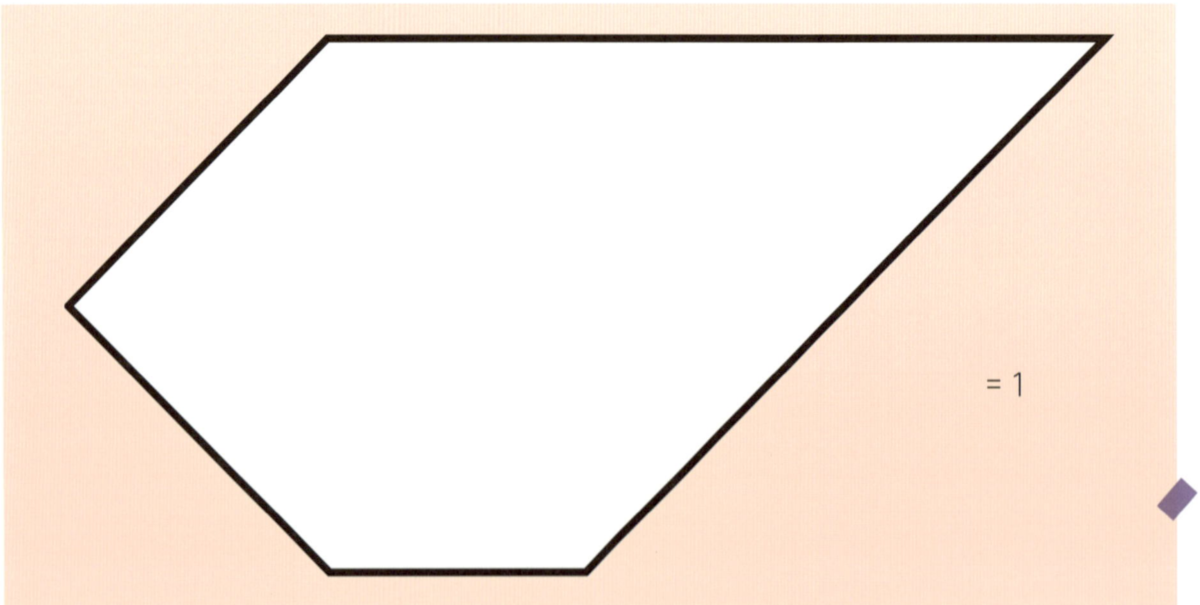

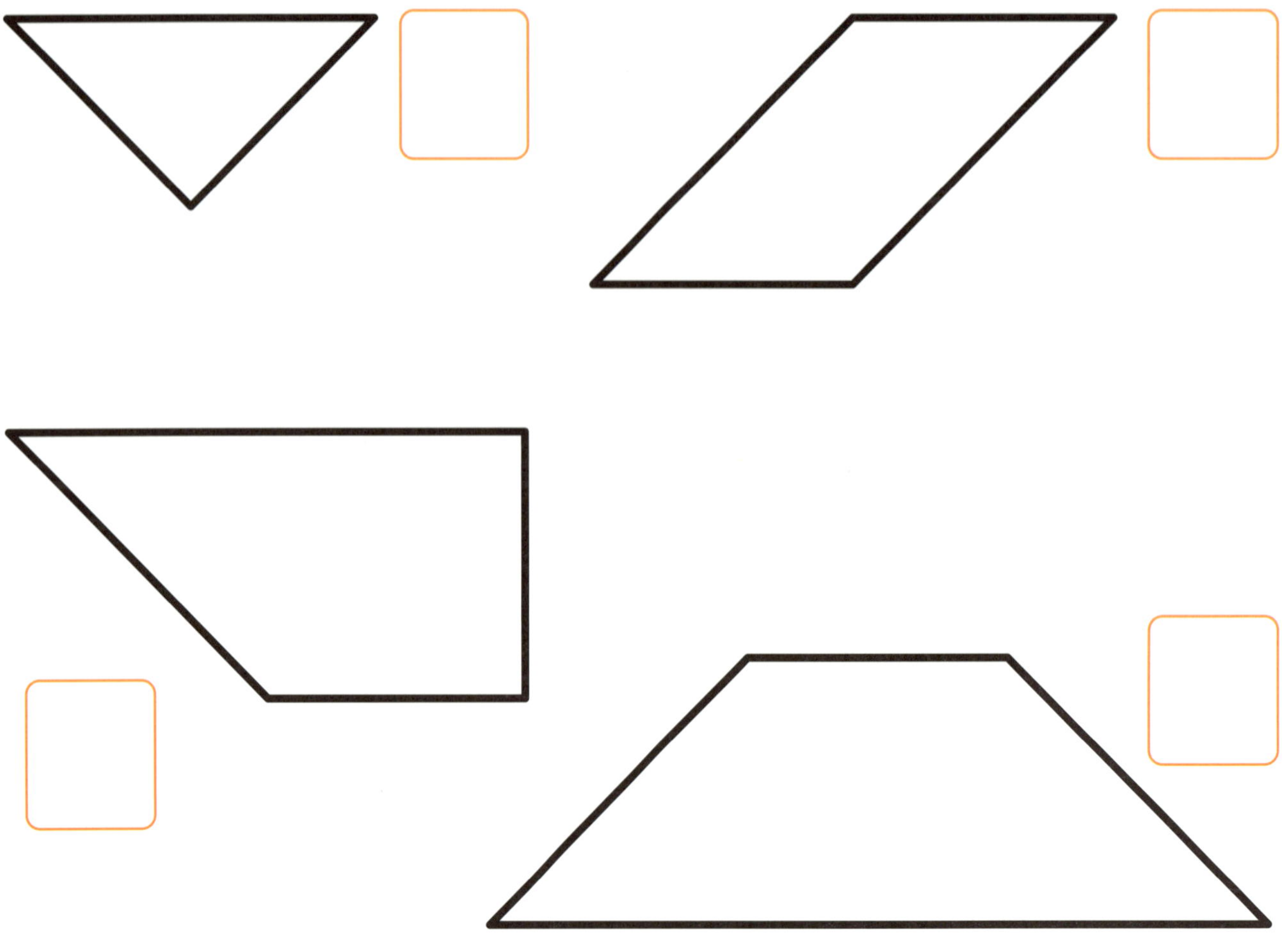

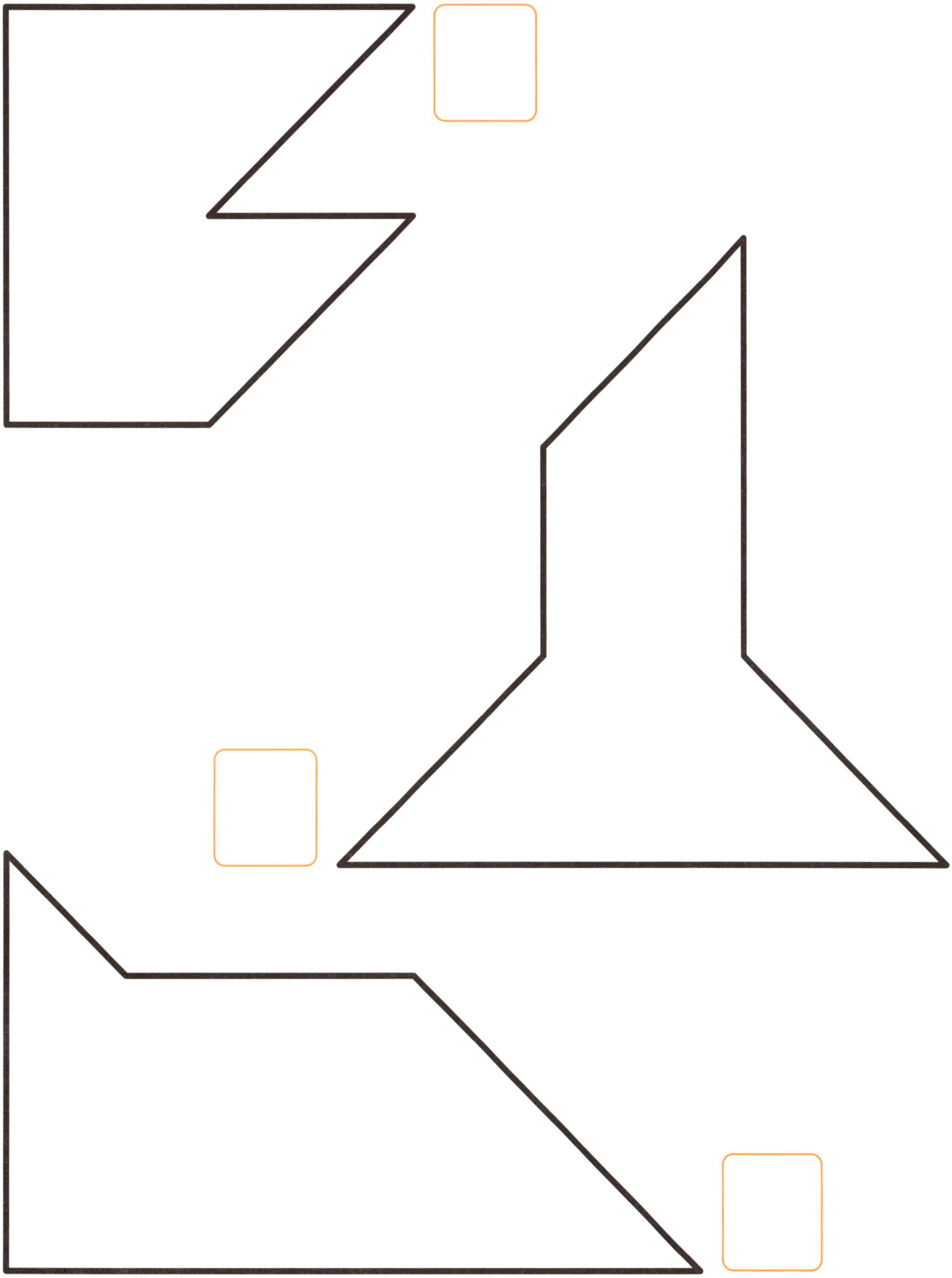

다음 모양 중에서 제시된 조각을 사용해서 만들 수 없는 모양을 찾아 ○하세요.

①

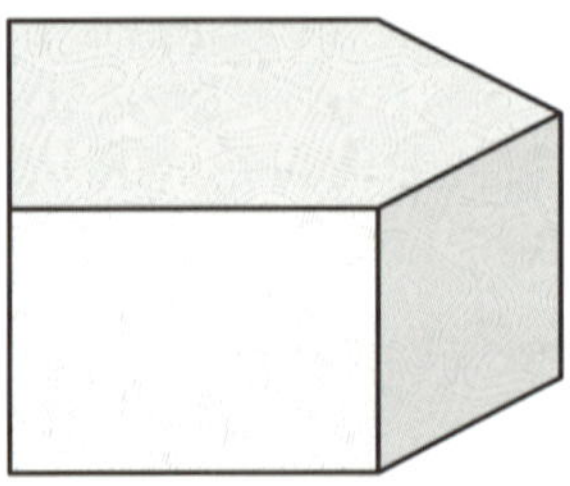

②

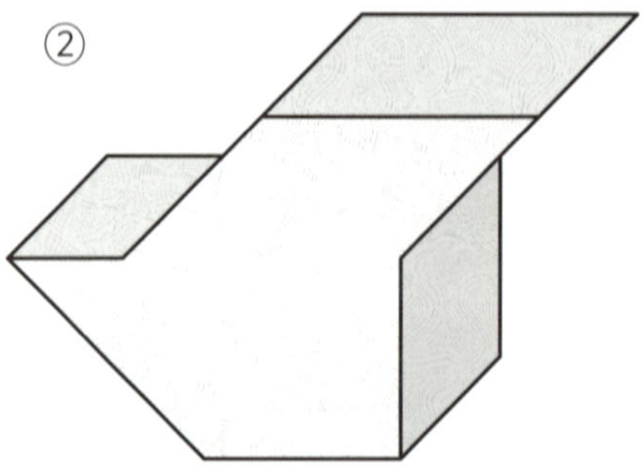

③

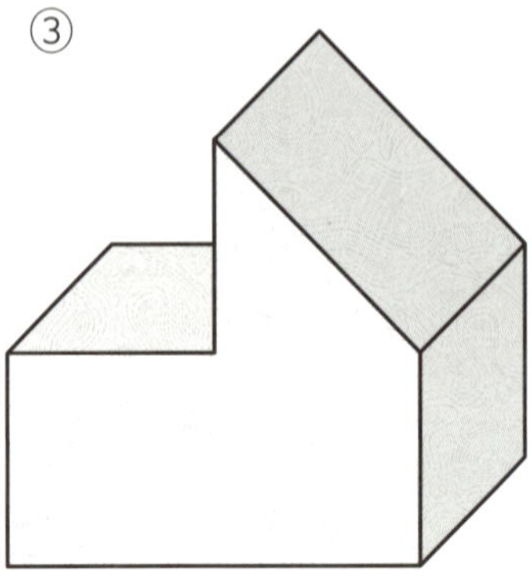

④

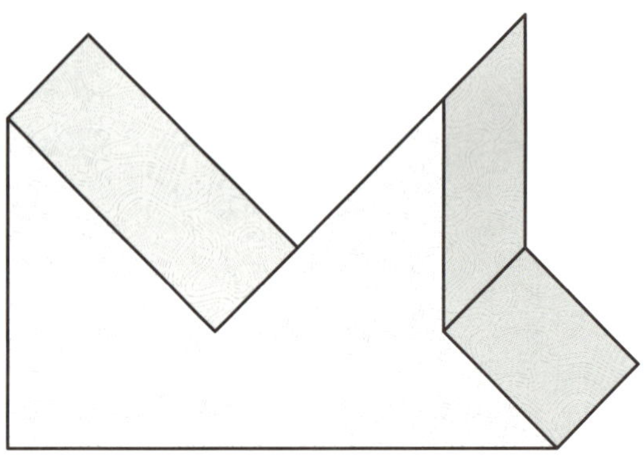

다음 모양 중에서 제시된 조각을 사용해서 만들 수 없는 모양을 찾아 ○하세요.

①

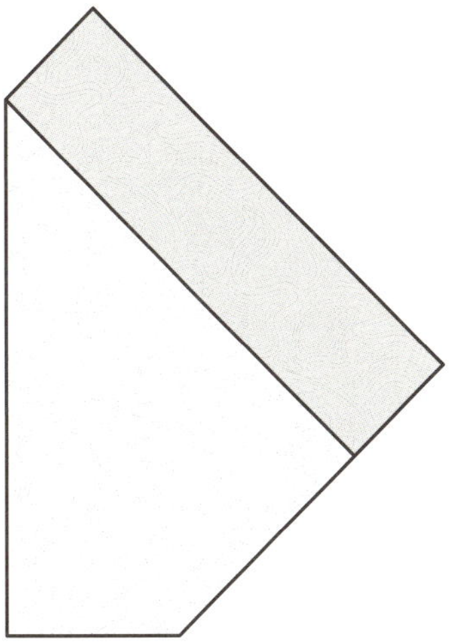

②

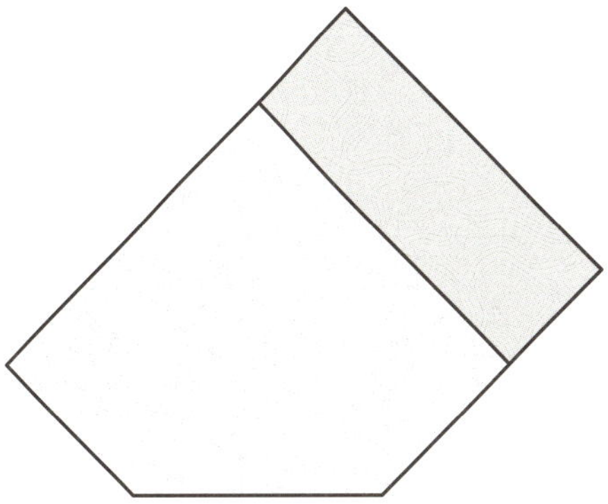

③

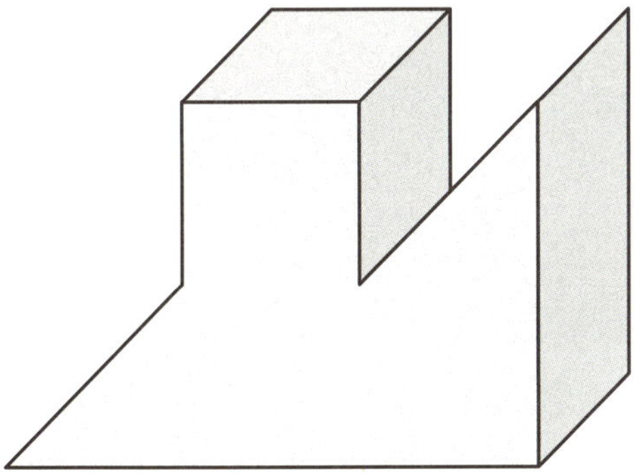

④

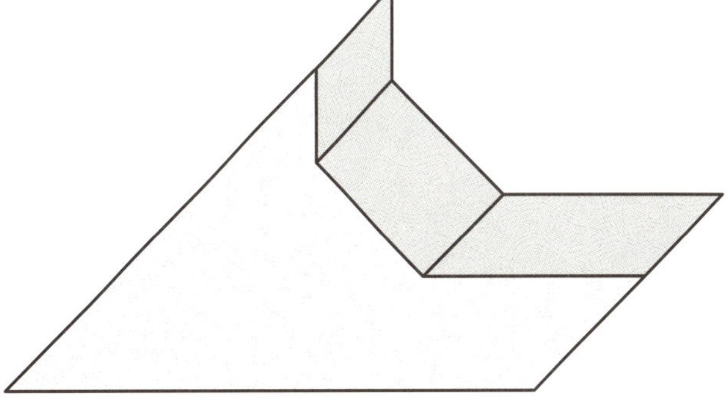

13. 위, 앞, 옆에서 본 모양 1

도형

다음 모양을 제시된 조각으로 만들고, 위, 앞, 옆에서 본 모양을 찾아 번호를 쓰세요.

3조각

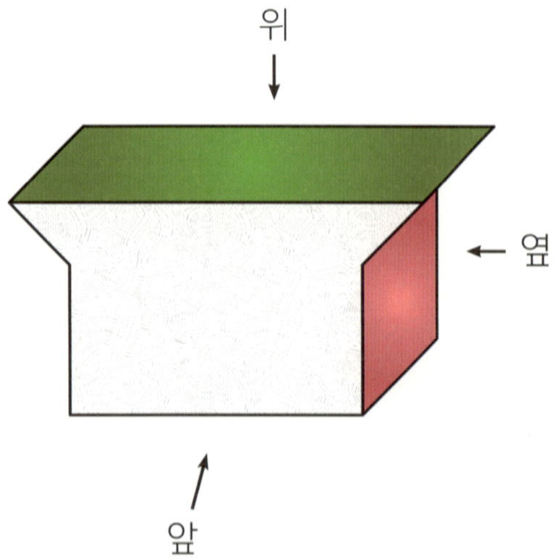

위에서 본 모양	앞에서 본 모양	옆에서 본 모양

4조각

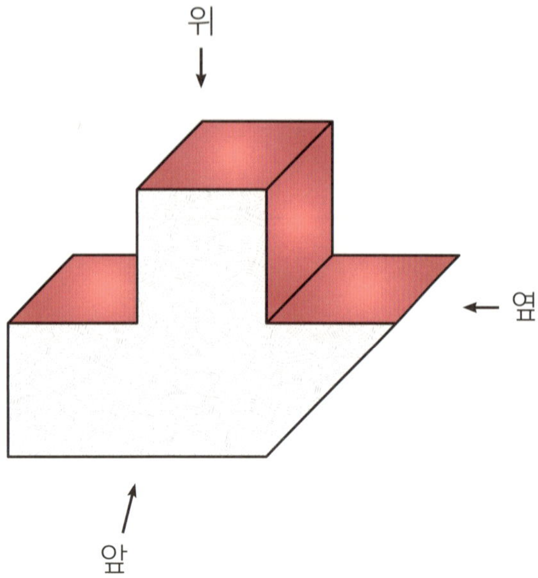

위에서 본 모양	앞에서 본 모양	옆에서 본 모양

①

②

③

④

⑤

⑥
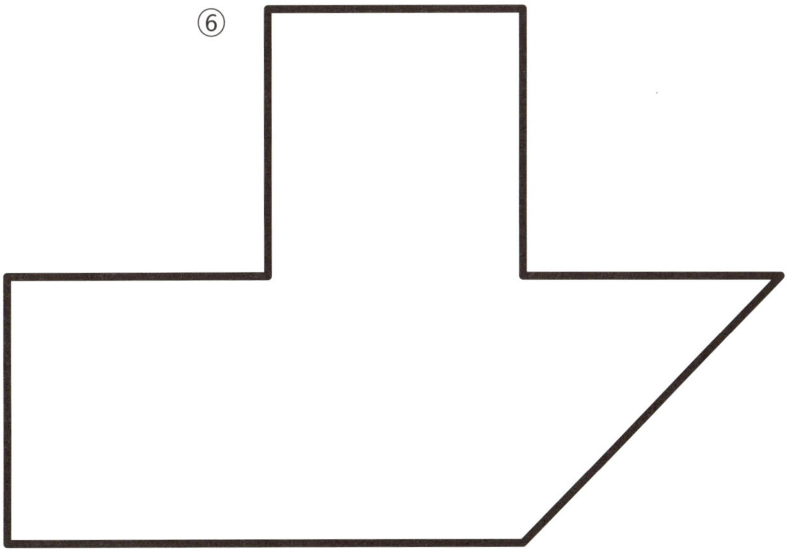

14. 위, 앞, 옆에서 본 모양 2

다음 모양을 제시된 조각으로 만들고, 위, 앞, 옆에서 본 모양을 찾아 번호를 쓰세요.

4조각

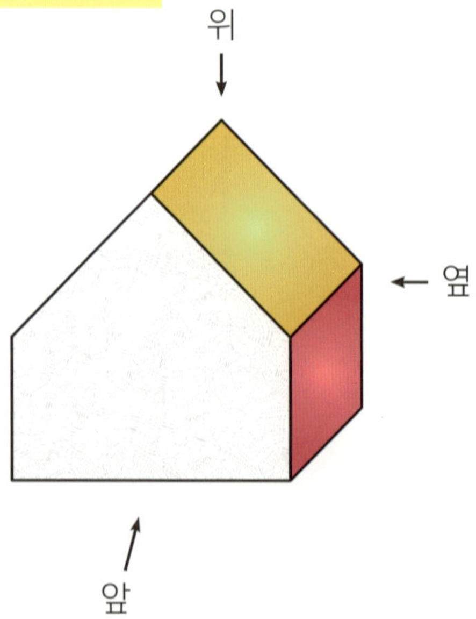

위에서 본 모양	앞에서 본 모양	옆에서 본 모양

5조각

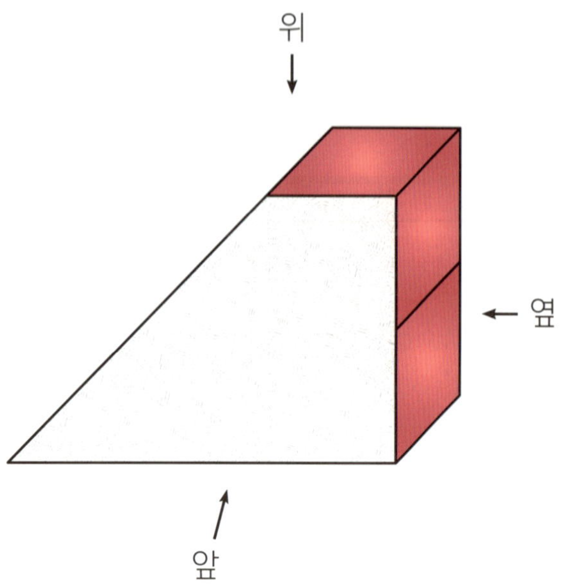

위에서 본 모양	앞에서 본 모양	옆에서 본 모양

①

②

③

④

⑤

⑥

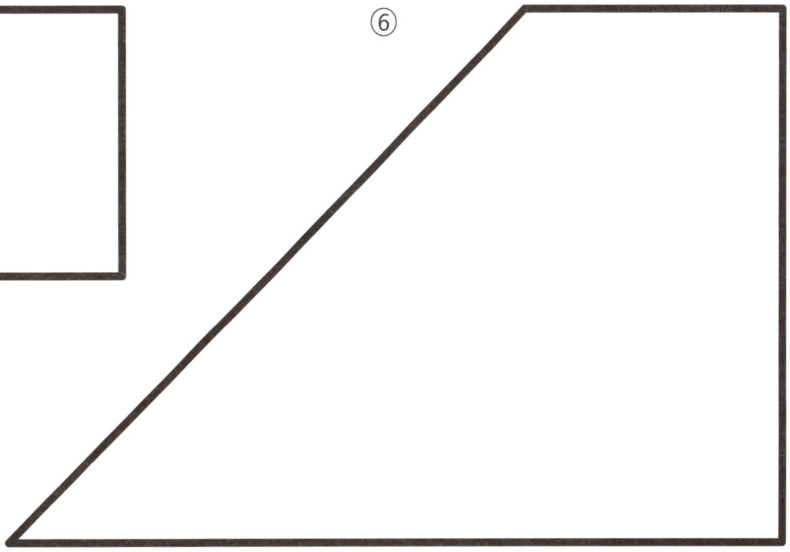

위, 앞, 옆에서 본 모양을 보고 만든 입체 모양을 찾아 ○하세요.

〈위에서 본 모양〉

〈앞에서 본 모양〉

〈옆에서 본 모양〉

①

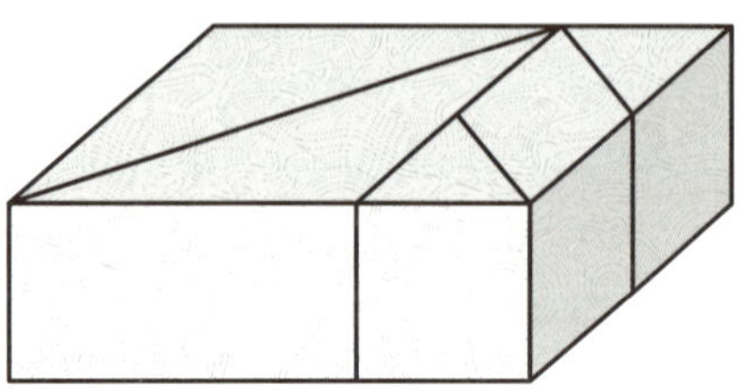

②

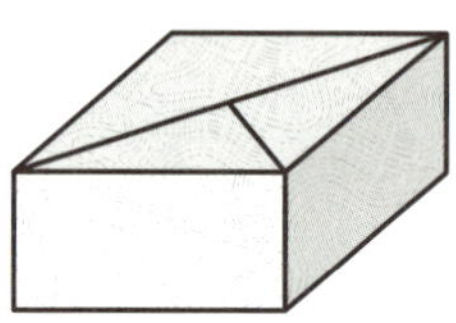

③

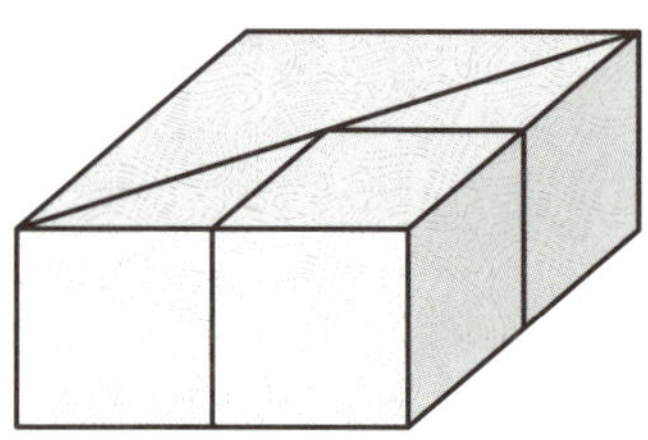

위, 앞, 옆에서 본 모양을 보고 만든 입체 모양을 찾아 ○하세요.

〈위에서 본 모양〉

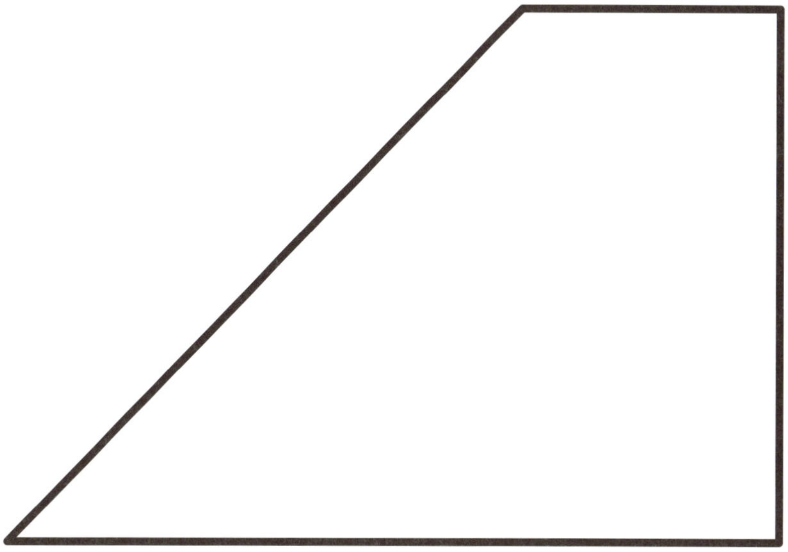

〈앞에서 본 모양〉

〈옆에서 본 모양〉

①

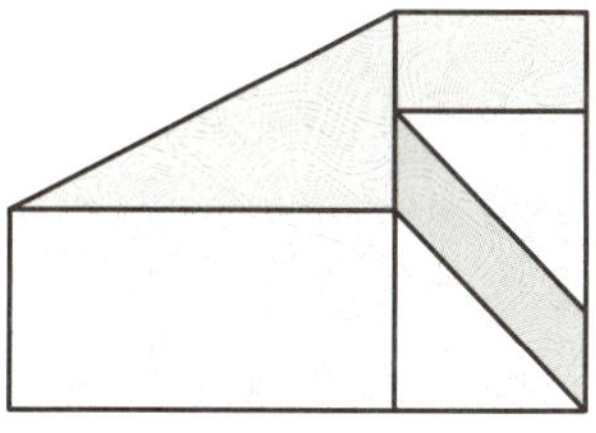

②

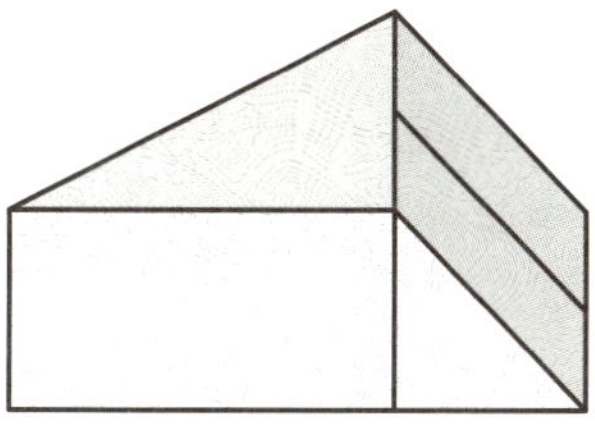

③

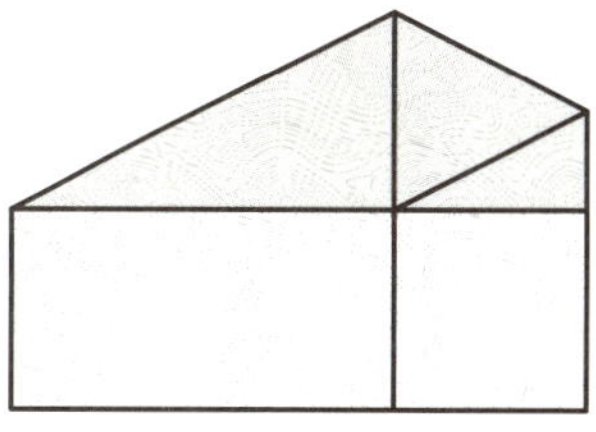

16. 입체 모양 만들기 3

도형

위, 앞, 옆에서 본 모양을 보고 만든 입체 모양을 찾아 ○하세요.

〈위에서 본 모양〉

〈앞에서 본 모양〉

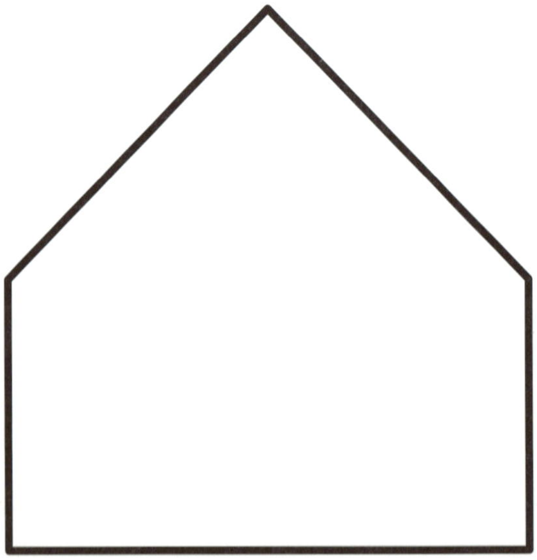

〈옆에서 본 모양〉

①

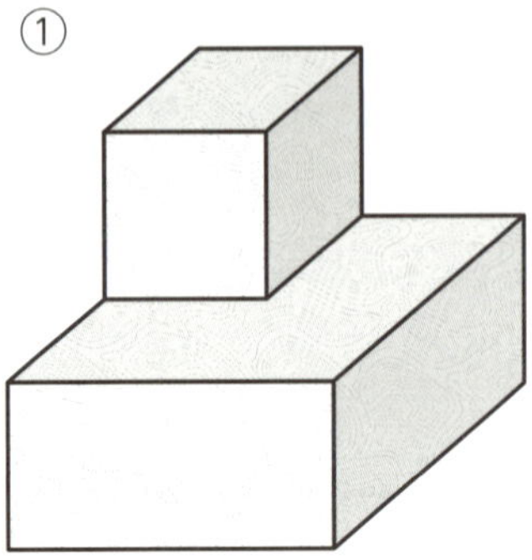

②

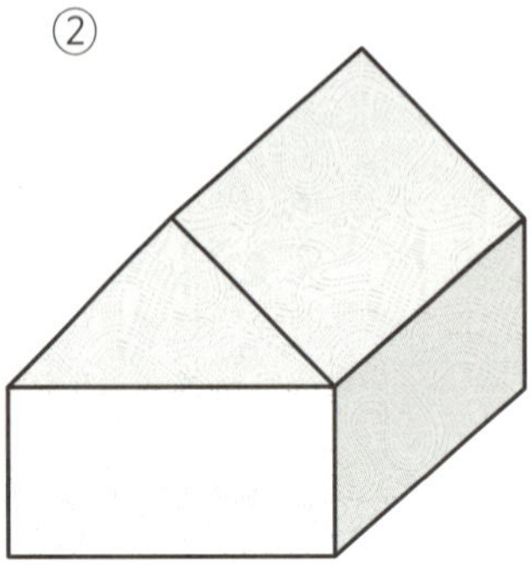

③

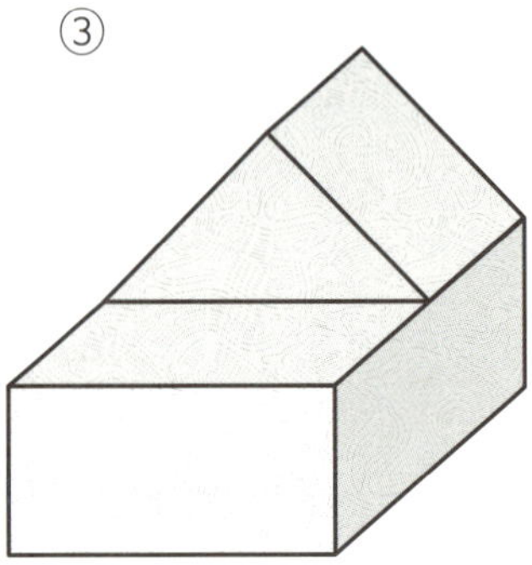

위, 앞, 옆에서 본 모양을 보고 만든 입체 모양을 찾아 ○하세요.

〈위에서 본 모양〉

〈앞에서 본 모양〉

〈옆에서 본 모양〉

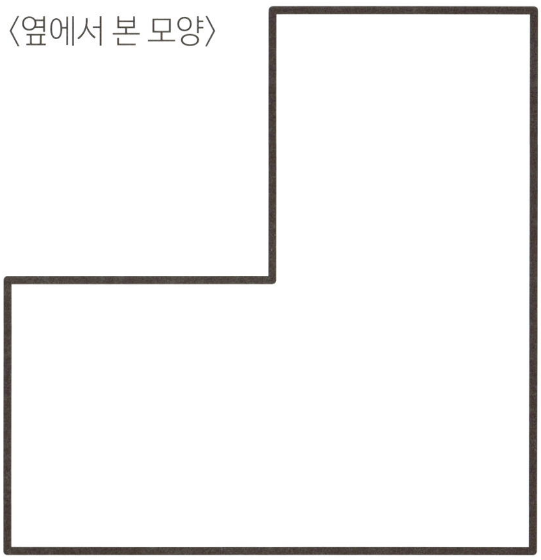

①

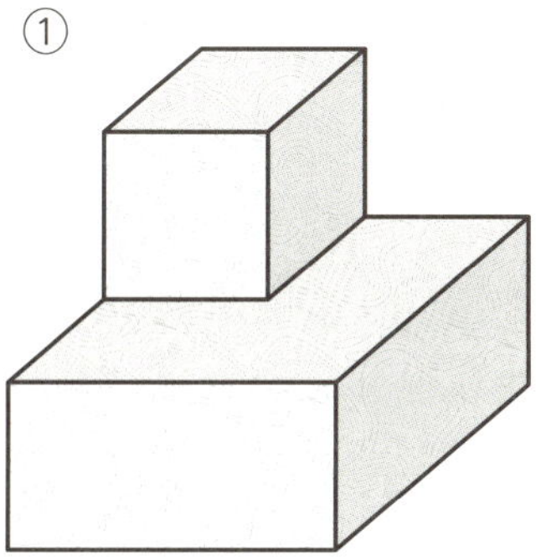

②

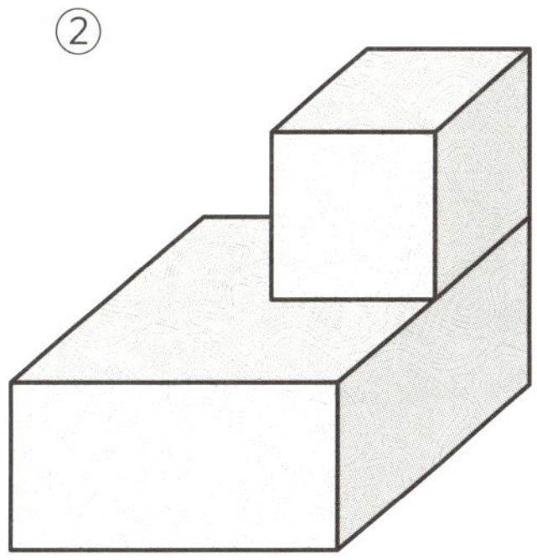

③

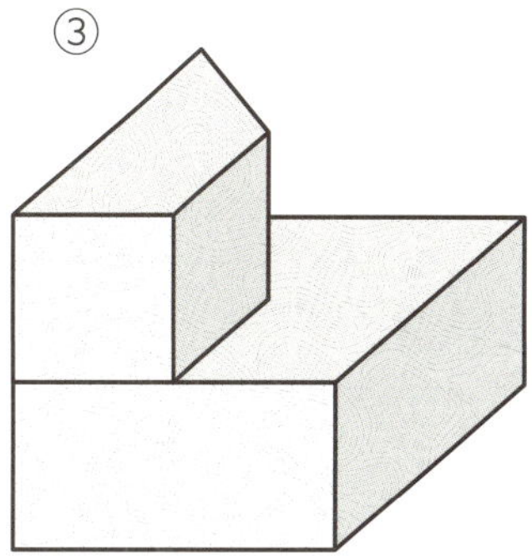

다음 축소 모양을 보고 모양을 완성하세요.

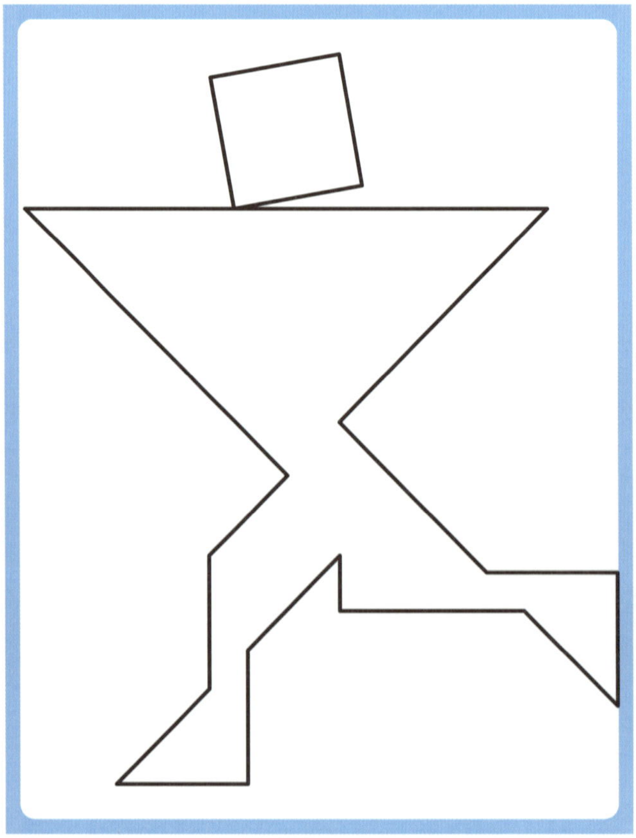

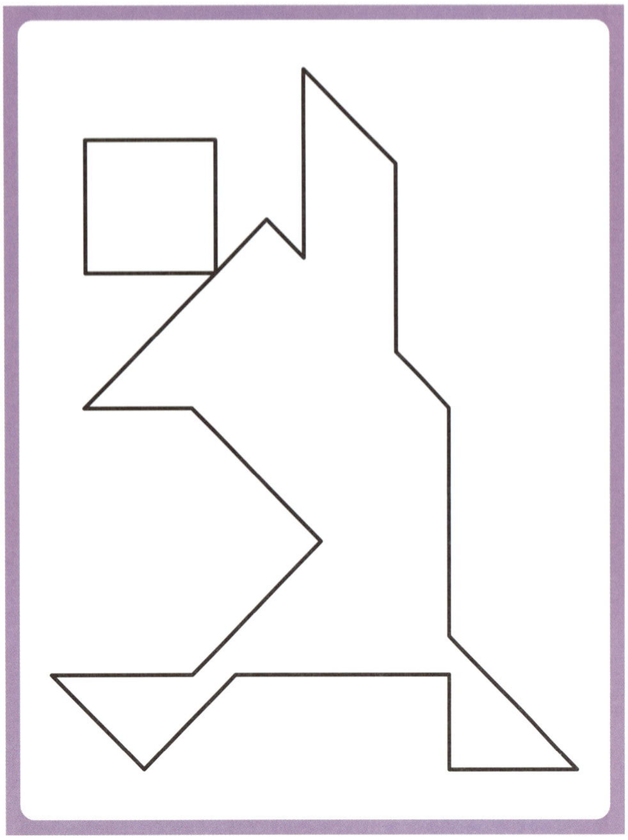

다음 축소 모양을 보고 모양을 완성하세요.

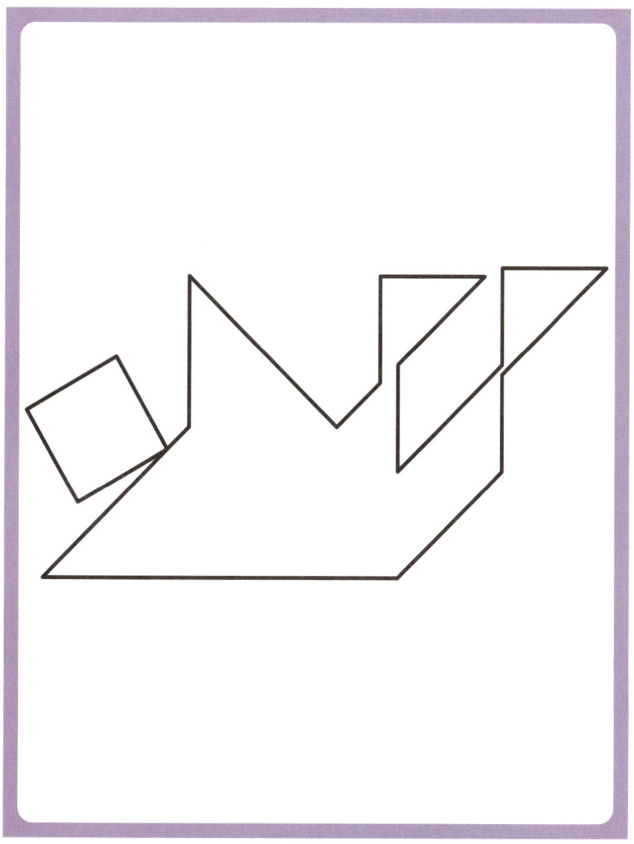

18. 축소 모양 만들기 2

도형

다음 축소 모양을 보고 모양을 완성하세요.

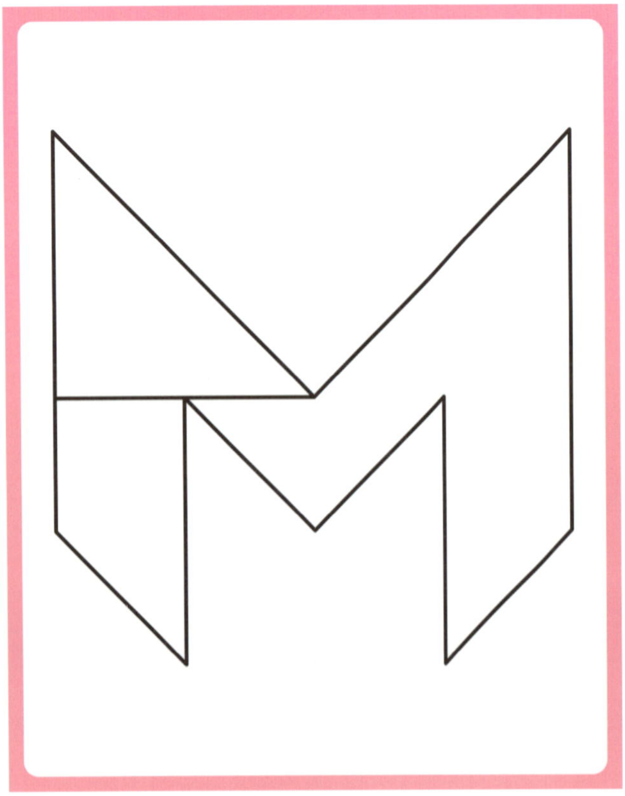

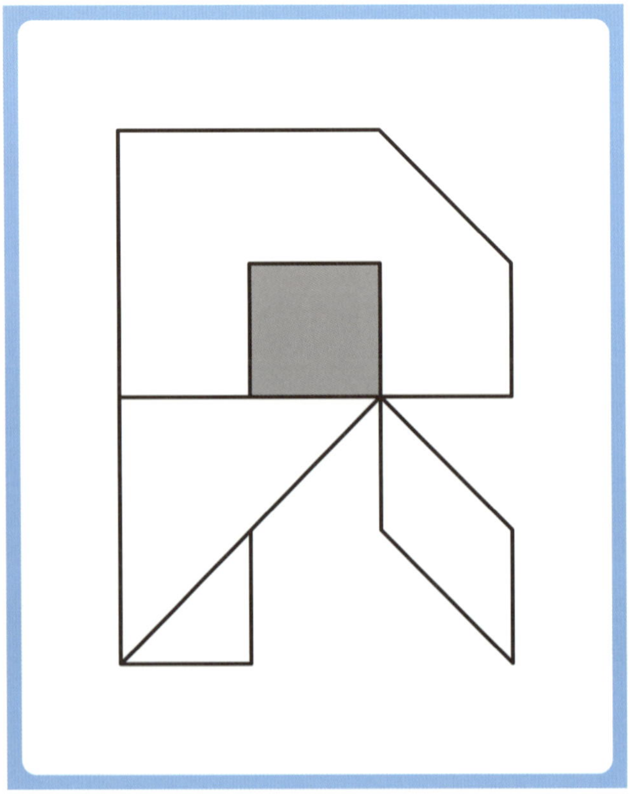

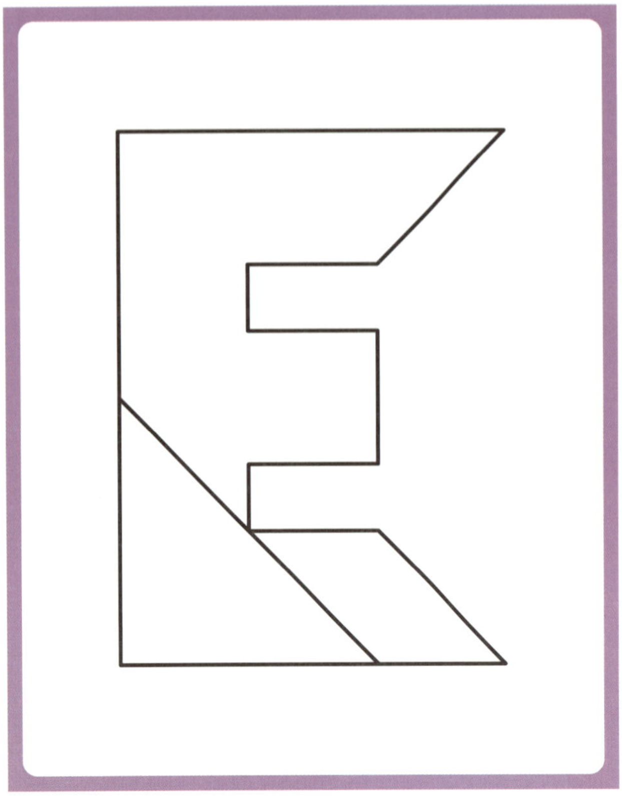

다음 축소 모양을 보고 모양을 완성하세요.

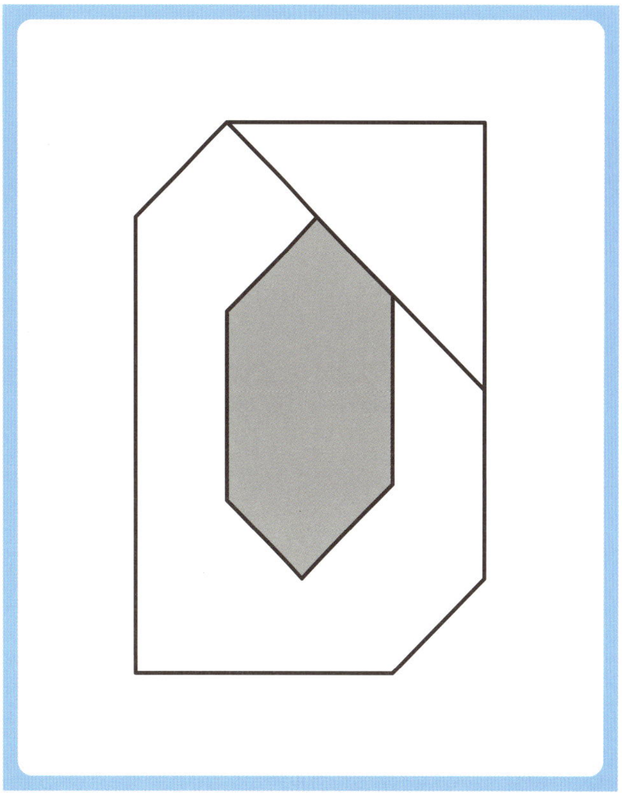

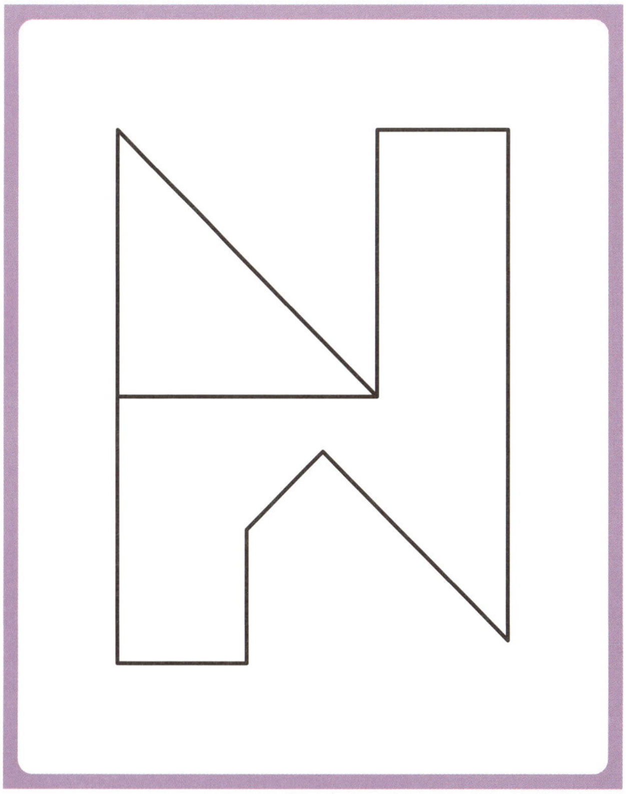

다음 입체 모양을 만들어 보세요.

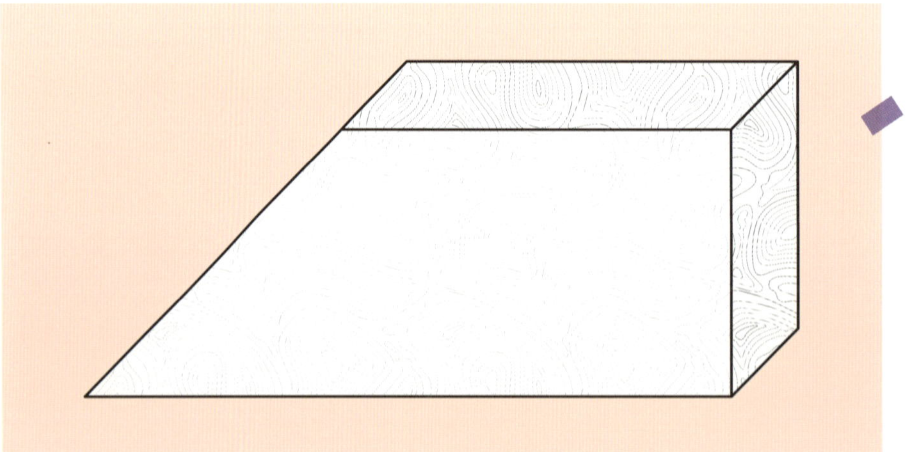

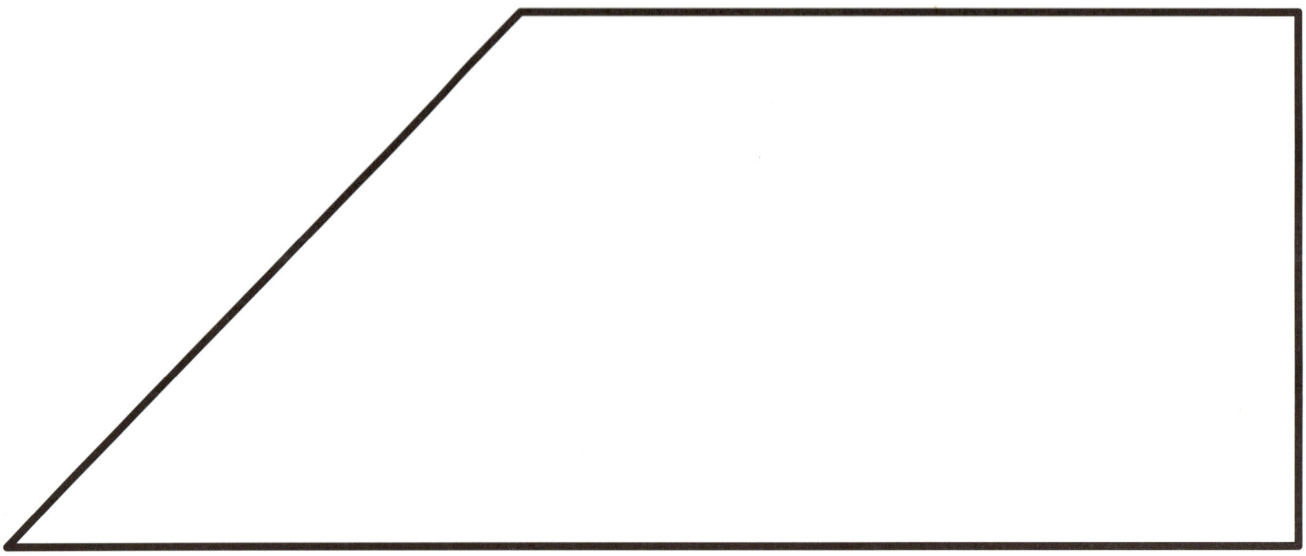

다음 입체 모양을 만들어 보세요.

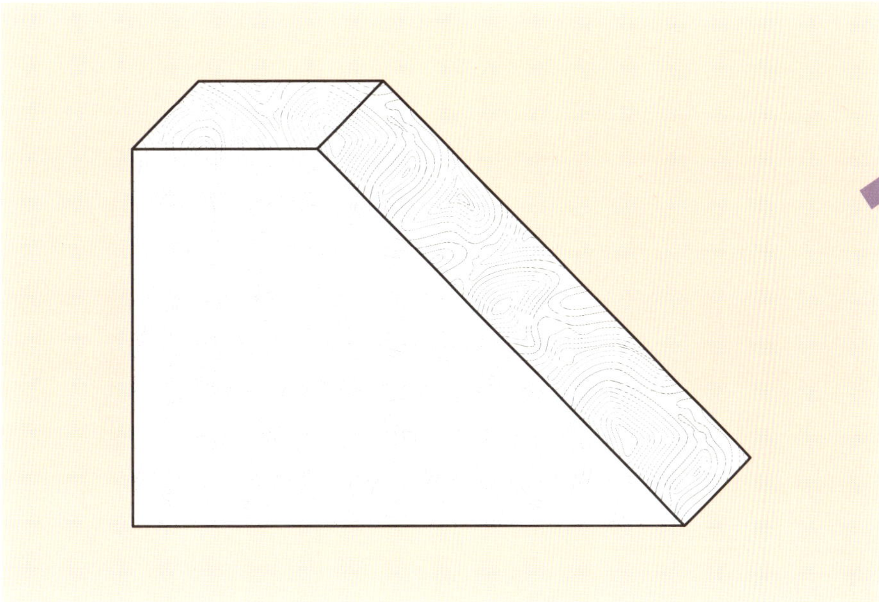

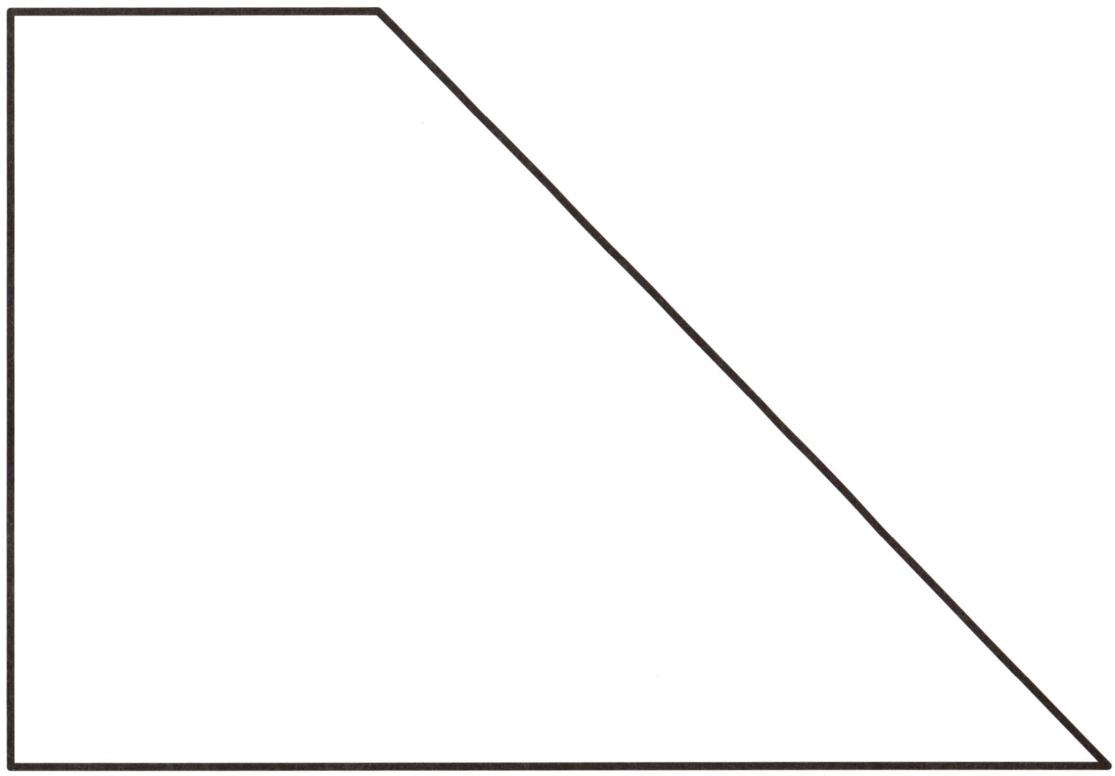

20. 7조각 입체 활동 2

7조각을 모두 사용하여 다음 입체 모양을 만들어 보세요.

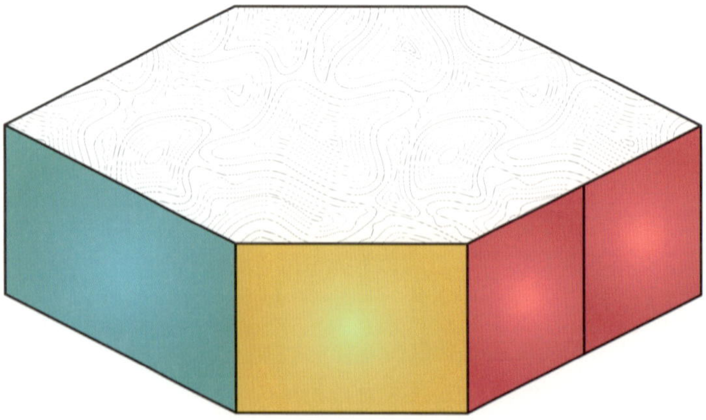

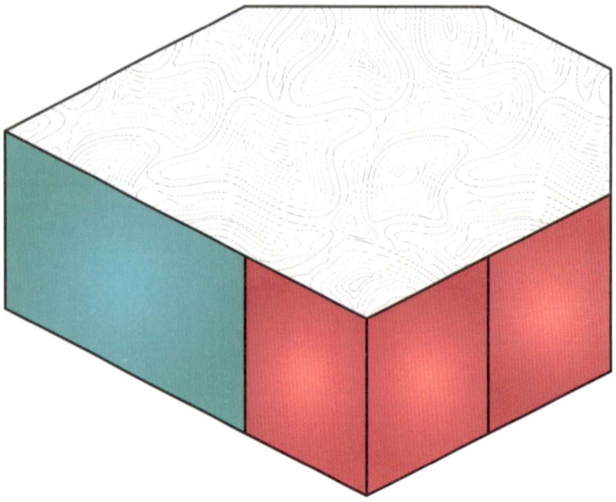

7조각을 모두 사용하여 다음 입체 모양을 만들어 보세요.

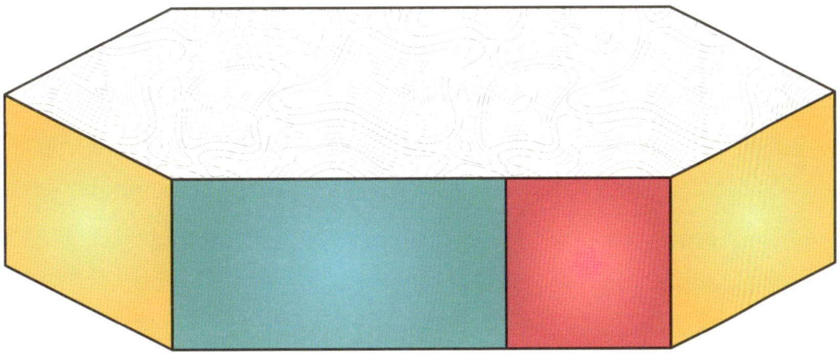

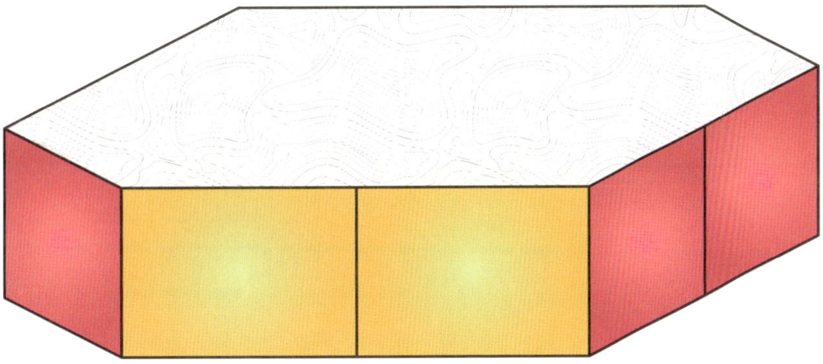

정답 제시된 방법 외에 다양한 답이 나올 수 있습니다.

p.6

1. 칠교 조각 익히기 — 도형

칠교 조각을 놓고 이름을 약속해 보세요.

이솝 스티커 1세트는 6쪽 교재에 붙이고, 1세트는 칠교 조각 윗면에 붙여주세요.

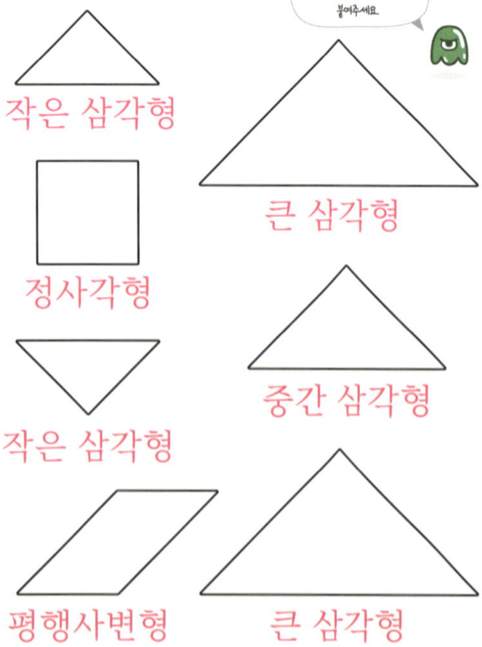

p.7

교구탐색

다음은 칠교 조각의 옆면의 모양입니다. 조각의 옆면에 알맞은 스티커를 붙여보세요.

티칭 가이드
1. 칠교 조각은 입체 모양이지만 조각의 이름은 평면도형 이름으로 약속합니다.
2. 정사각형 조각의 경우, 옆면에만 스티커를 붙여주세요.

p.8

2. 크기 구하기 — 측정

작은 삼각형의 크기를 1이라고 약속합니다. 칠교 조각의 크기를 구해보세요.

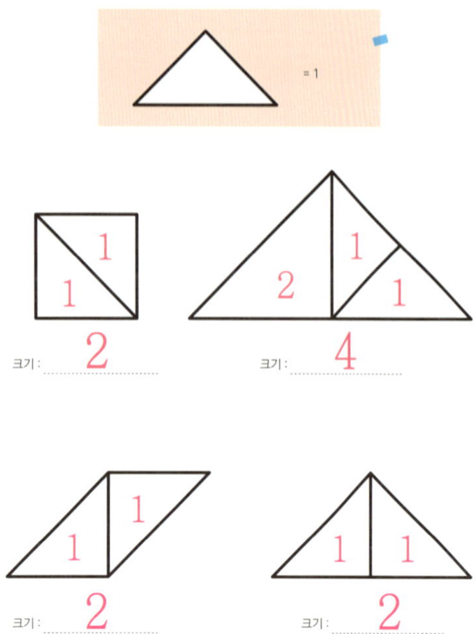

p.9

도형의 크기

작은 삼각형의 크기를 1이라고 약속합니다. 다음 모양을 칠교판으로 맞추고 크기를 구해보세요.

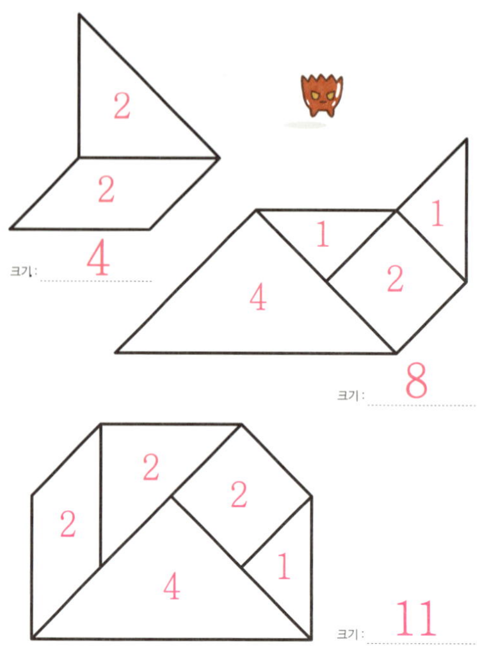

제시된 방법 외에 다양한 답이 나올 수 있습니다.

p.10

3. 조건에 맞는 모양 만들기

도형

다음 모양을 만들고, 맞춘 모양을 축소 격자판에 따라 그려보세요.

3조각으로 맞추기

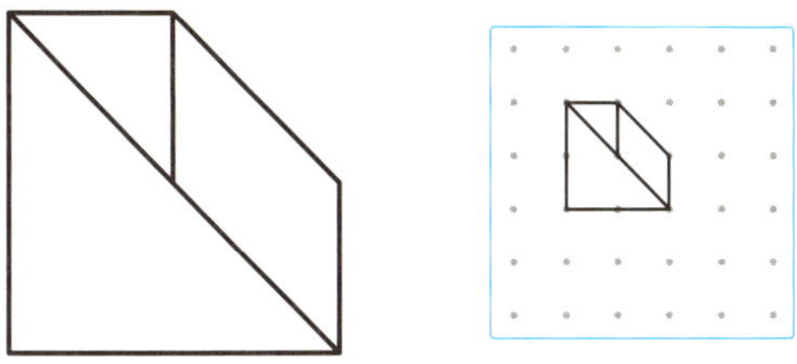

4조각으로 맞추기

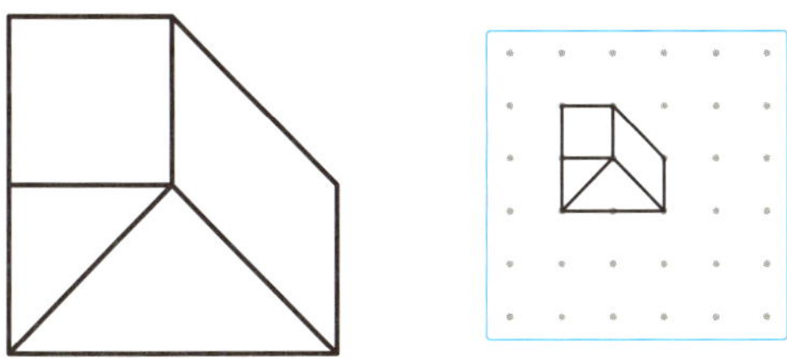

10 CHALLENGE STEP 3

p.11

축소 모양 그리기

다음 모양을 만들고 맞춘 모양을 축소 격자판에 따라 그려보세요.

2조각으로 맞추기

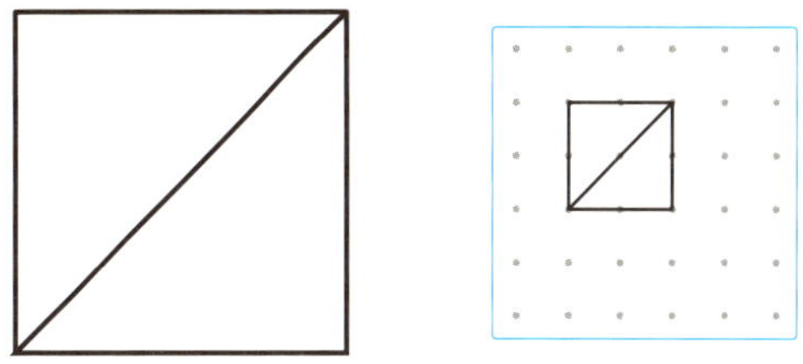

5조각으로 맞추기

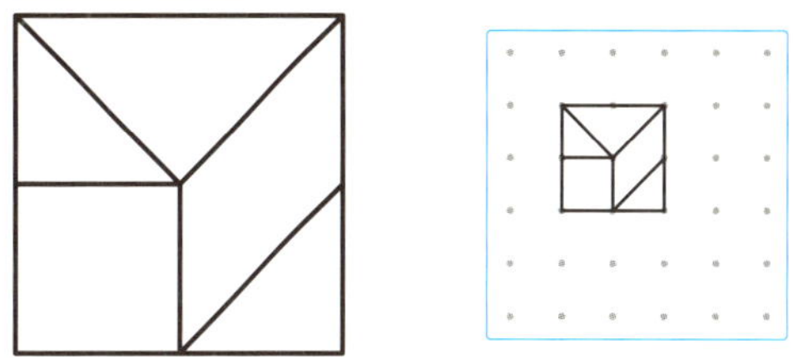

입체칠교 11

p.12

4. 크기가 다른 삼각형 만들기 1

도형

칠교판으로 크기가 다른 삼각형을 만들려고 합니다. 작은 삼각형의 크기를 1로 약속할 때, 제시된 조건에 맞는 삼각형을 모두 만들고, 만든 방법을 격자판에 그려보세요.

보기

크기가 1인 삼각형

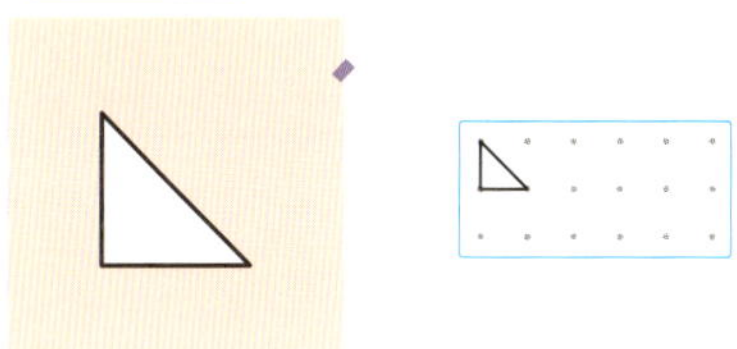

(1) 크기가 2인 삼각형

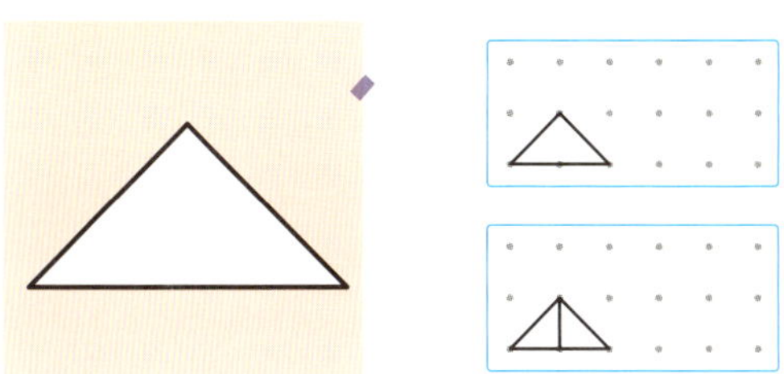

12 CHALLENGE STEP 3

p.13

크기가 다른 삼각형

작은 삼각형의 크기를 1로 약속할 때, 제시된 조건에 맞는 삼각형을 모두 만들고, 만든 방법을 격자판에 그려보세요.

(2) 크기가 4인 삼각형

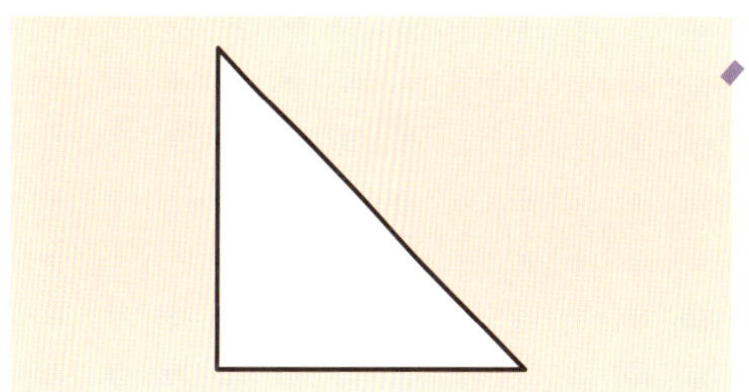

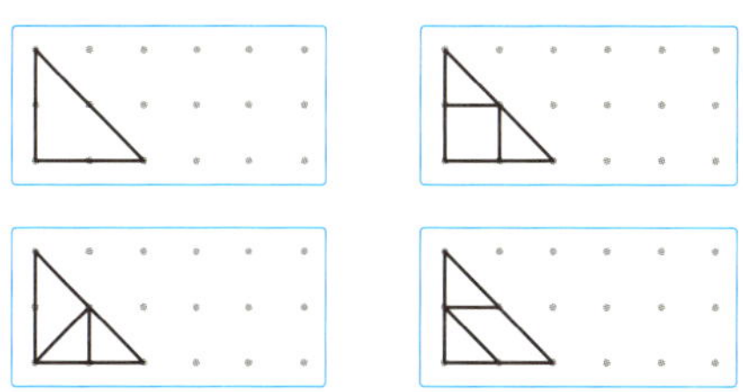

입체칠교 13

정답 제시된 방법 외에 다양한 답이 나올 수 있습니다.

p.14

5. 크기가 다른 삼각형 만들기 2

도형

작은 삼각형의 크기를 1로 약속할 때, 제시된 조건에 맞는 삼각형을 모두 만들고, 만든 방법을 격자판에 그려보세요.

(3) 크기가 8인 삼각형

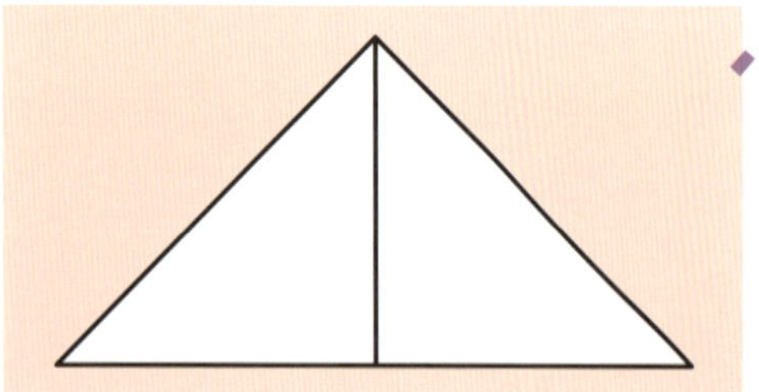

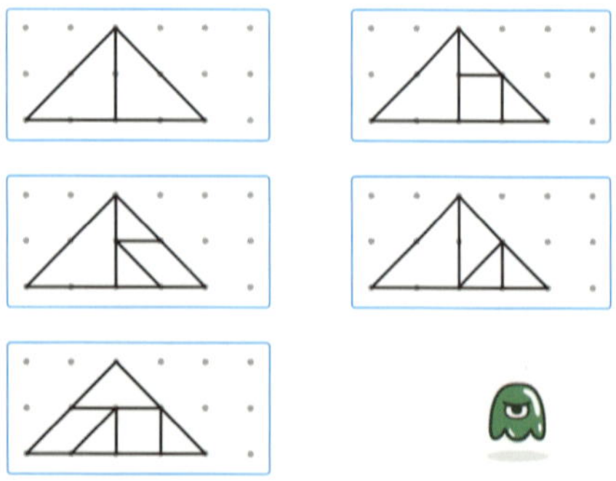

p.15

크기가 다른 삼각형

작은 삼각형의 크기를 1로 약속할 때, 제시된 조건에 맞는 삼각형을 만들고, 만든 방법을 격자판에 그려보세요.

(4) 크기가 16인 삼각형

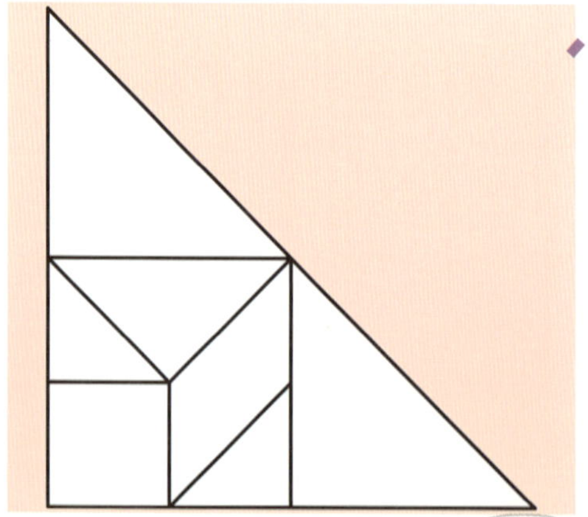

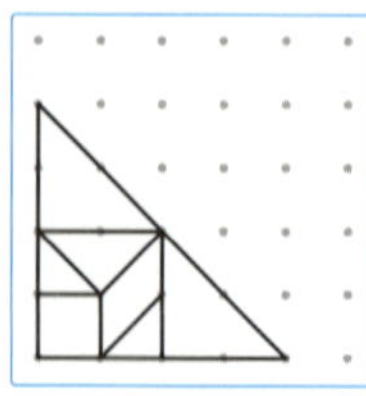

칠교 조각으로 크기가 다른 삼각형을 만들 수 있는 방법은 모두 몇 가지일까?

p.16

6. 각의 크기 1

측정

작은 삼각형은 직각이등변삼각형입니다. 나머지 칠교 조각들의 각도를 구해보세요.

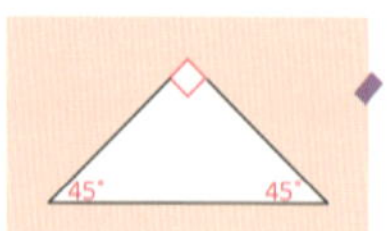

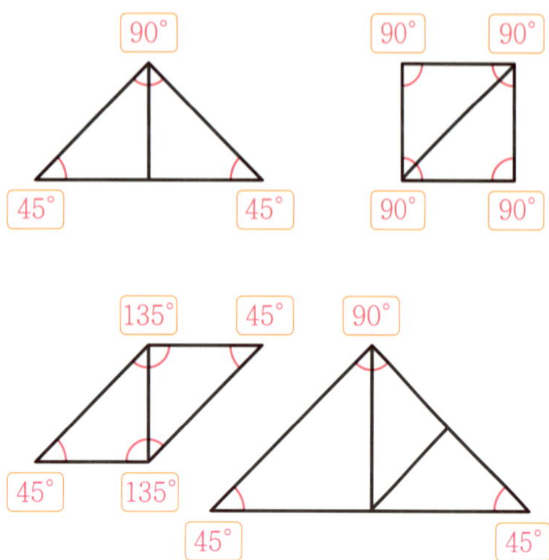

p.17

각도 구하기

다음 모양을 맞추고 각도를 구해보세요.

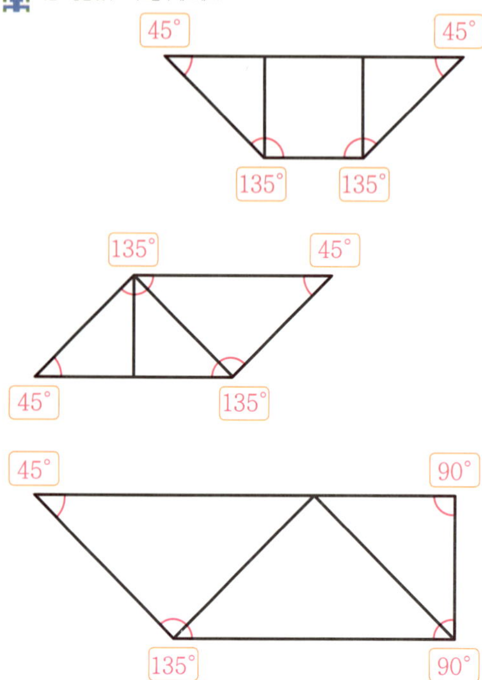

제시된 방법 외에 다양한 답이 나올 수 있습니다.

p.18

7. 각의 크기 2

측정

다음 모양을 맞추고 각도를 구해보세요.

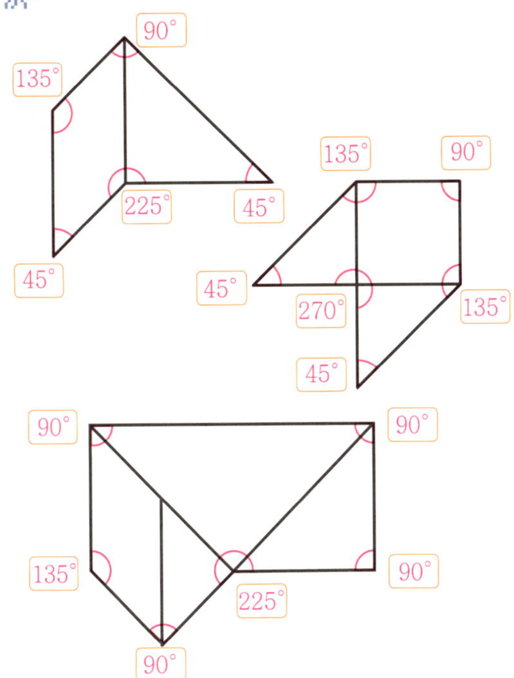

p.19

각도 구하기

다음 모양을 맞추고 각도를 구해보세요.

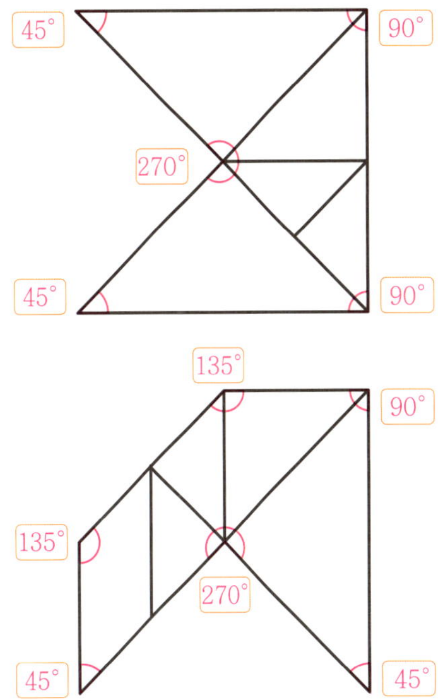

p.20

8. 크기 비교하기 1

측정

작은 삼각형의 크기를 1이라고 할 때, 가 와 나 중 어느 것이 더 큰지 예상하고 크기를 구하여 확인해 보세요.

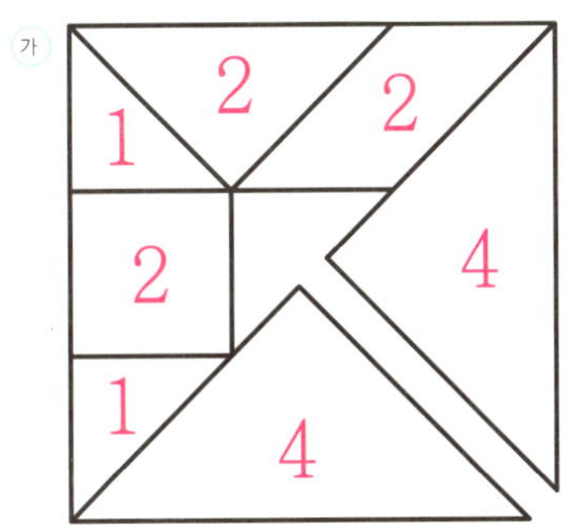

크기 16

예상	확인
	같다

p.21

크기 비교

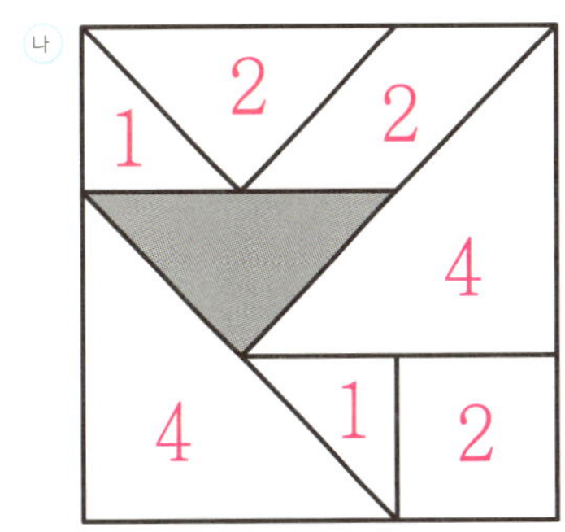

크기 16

색칠된 곳에는 조각을 놓을 수 없어.

 제시된 방법 외에 다양한 답이 나올 수 있습니다.

p.22

9. 크기 비교하기 2

측정

작은 삼각형의 크기를 1이라고 할 때, 가 와 나 중 어느 것이 더 큰지 예상하고 크기를 구하여 확인해 보세요.

가

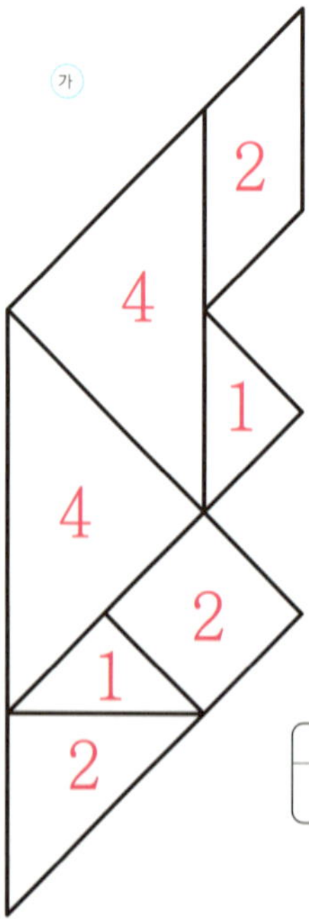

크기 16

예상	확인
	가

p.23

크기 비교

나

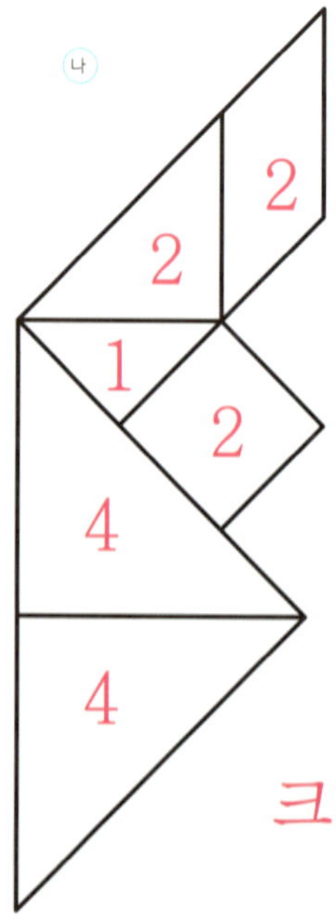

크기 15

p.24

10. 분수 활동 1

수와 연산

보기와 같이 제시된 조각의 크기를 분수로 표현해 보세요.

보기

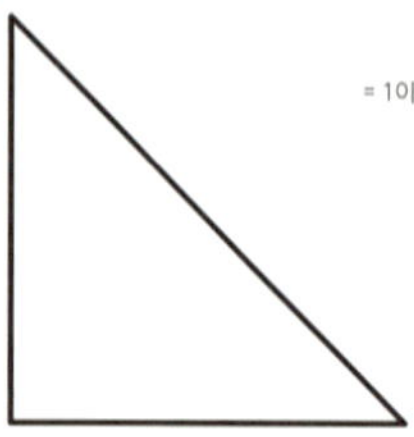

= 1이라고 할 때, 칠교 조각으로 맞추면

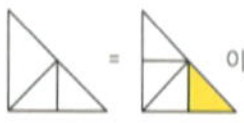

이므로

작은 삼각형의 크기는 $\frac{1}{4}$로 표현할 수 있습니다.

$\frac{1}{4}$

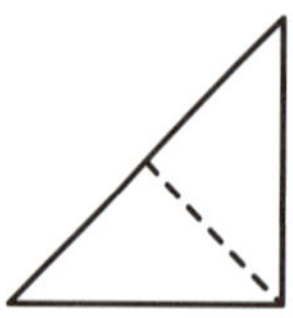

$\frac{2}{4}$

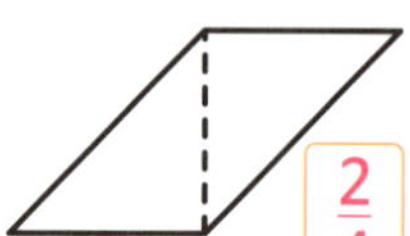

$\frac{2}{4}$

$\frac{2}{4}$

p.25

분수

다음의 크기를 1이라고 약속할 때, 제시된 모양의 크기를 분수로 표현해 보세요.

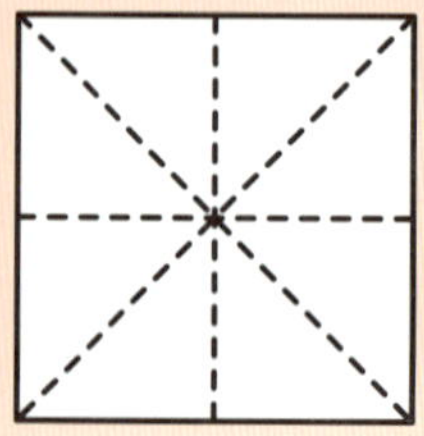

= 1

$\frac{1}{8}$

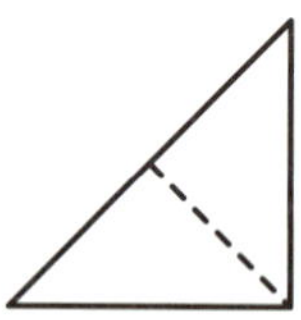

$\frac{2}{8}$

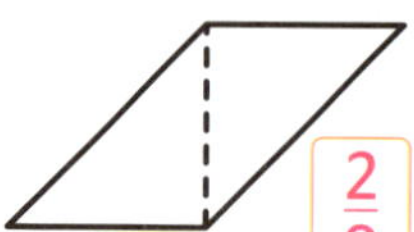

$\frac{2}{8}$

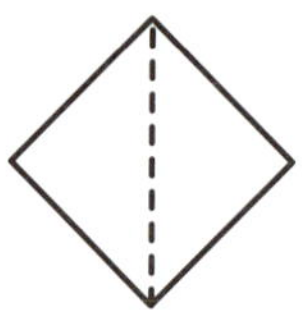

$\frac{2}{8}$

제시된 방법 외에 다양한 답이 나올 수 있습니다.

p.26

11. 분수 활동 2

수와 연산

다음의 크기를 1이라고 약속할 때, 제시된 모양의 크기를 분수로 표현해 보세요.

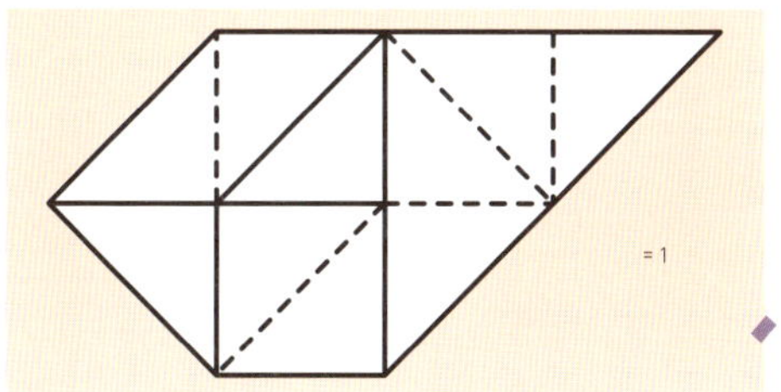

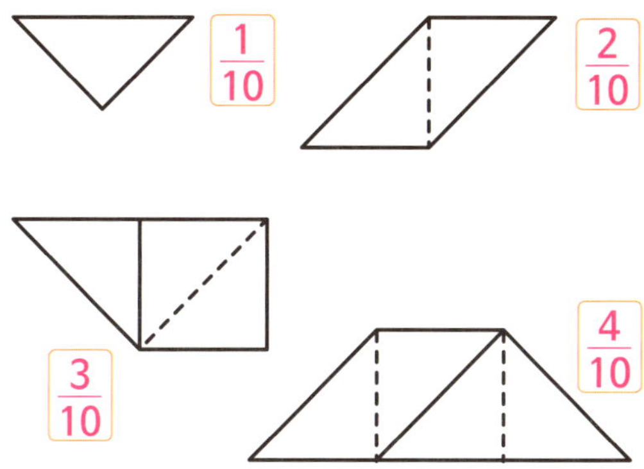

$\frac{1}{10}$ $\frac{2}{10}$ $\frac{3}{10}$ $\frac{4}{10}$

p.27

분수

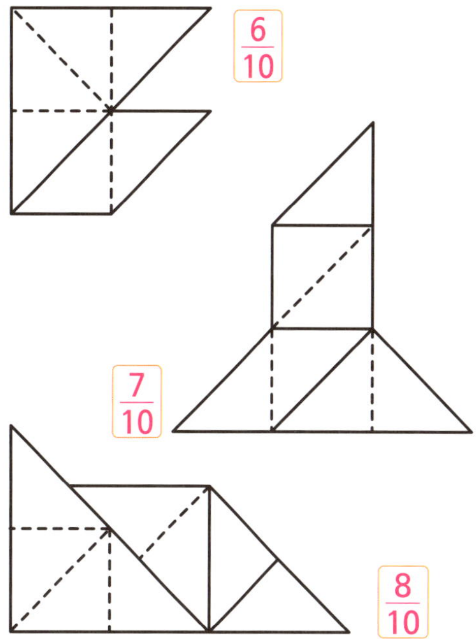

$\frac{6}{10}$ $\frac{7}{10}$ $\frac{8}{10}$

p.28

12. 입체 모양 만들기 1

도형

다음 모양 중에서 제시된 조각을 사용해서 만들 수 없는 모양을 찾아 ○하세요.

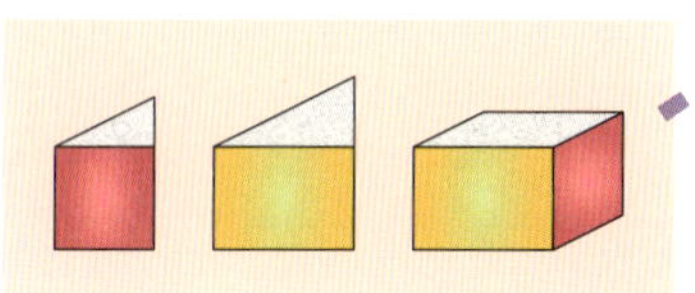

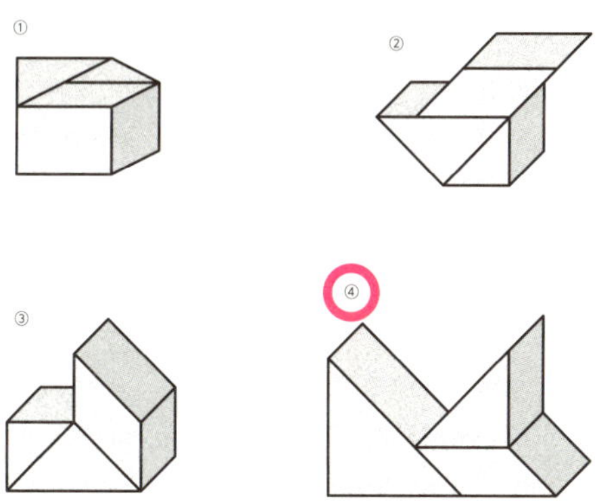

p.29

만들 수 없는 모양

다음 모양 중에서 제시된 조각을 사용해서 만들 수 없는 모양을 찾아 ○하세요.

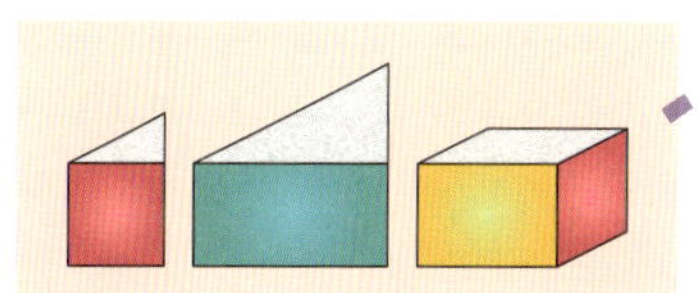

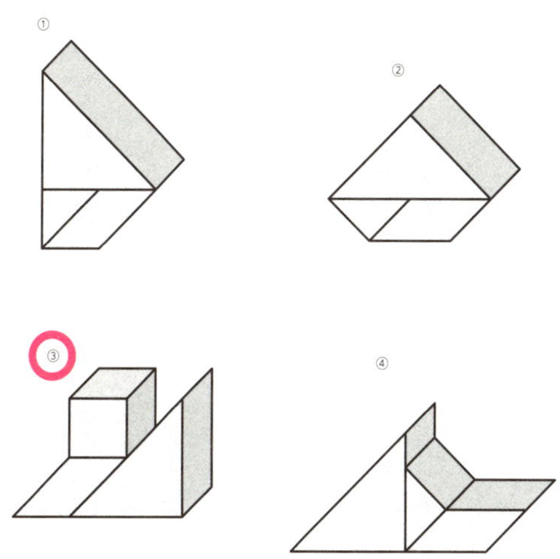

정답 제시된 방법 외에 다양한 답이 나올 수 있습니다.

p.30

13. 위, 앞, 옆에서 본 모양 1

도형

다음 모양을 제시된 조각으로 만들고, 위, 앞, 옆에서 본 모양을 찾아 번호를 쓰세요.

3조각

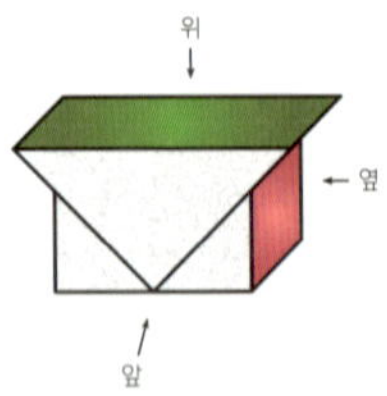

위에서 본 모양	앞에서 본 모양	옆에서 본 모양
①	④	②

4조각

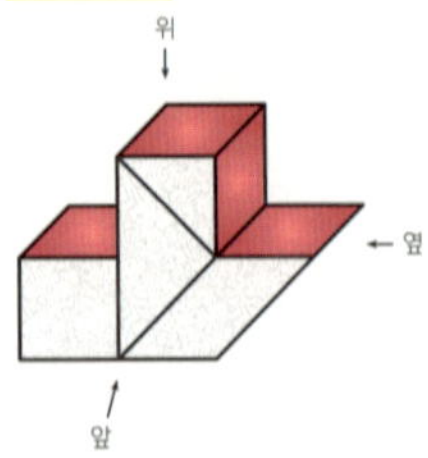

위에서 본 모양	앞에서 본 모양	옆에서 본 모양
③	⑥	⑤

p.31

위, 앞, 옆에서 본 모양

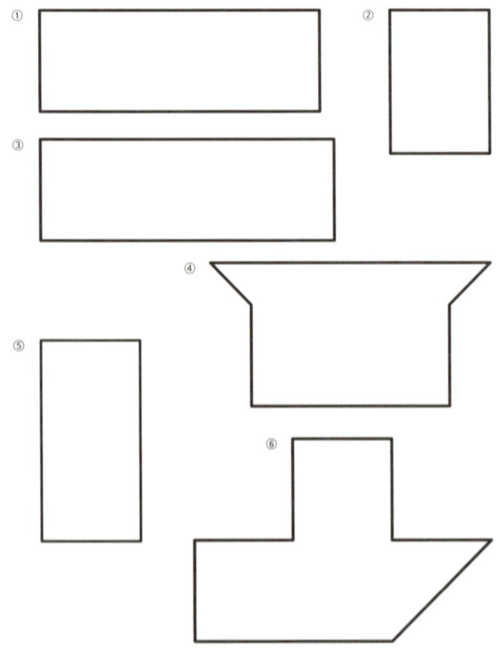

p.32

14. 위, 앞, 옆에서 본 모양 2

도형

다음 모양을 제시된 조각으로 만들고, 위, 앞, 옆에서 본 모양을 찾아 번호를 쓰세요.

4조각

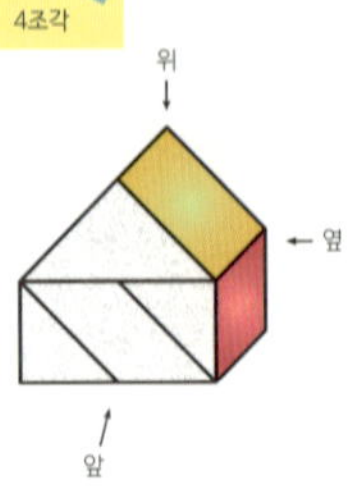

위에서 본 모양	앞에서 본 모양	옆에서 본 모양
⑤	③	②

5조각

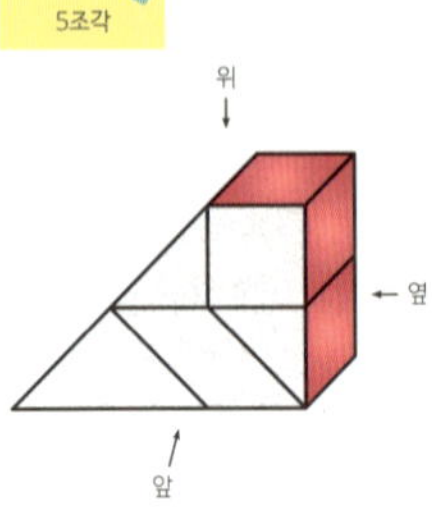

위에서 본 모양	앞에서 본 모양	옆에서 본 모양
①	⑥	②

p.33

위, 앞, 옆에서 본 모양

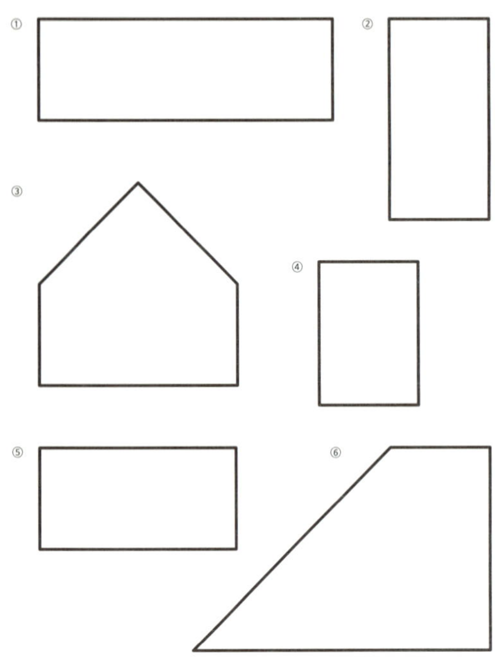

제시된 방법 외에 다양한 답이 나올 수 있습니다.

p.34

15. 입체 모양 만들기 2

도형

위, 앞, 옆에서 본 모양을 보고 만든 입체 모양을 찾아 ○하세요.

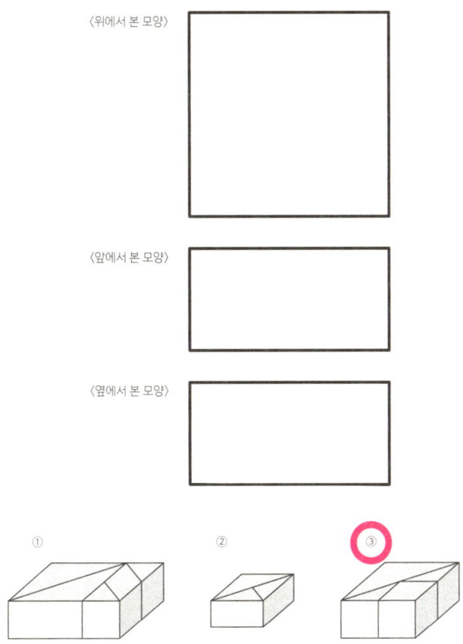

p.35

입체 모양

위, 앞, 옆에서 본 모양을 보고 만든 입체 모양을 찾아 ○하세요.

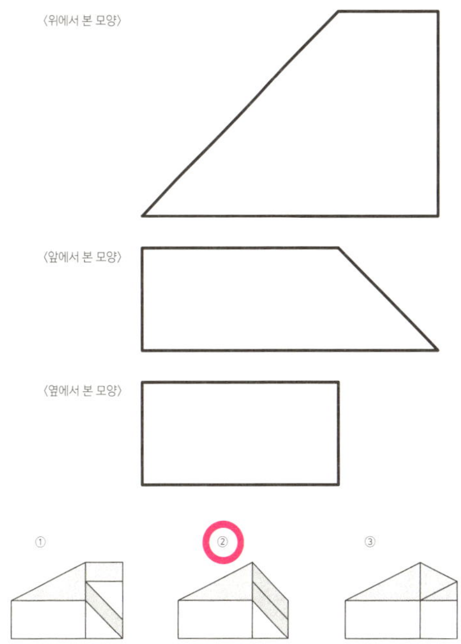

p.36

16. 입체 모양 만들기 3

도형

위, 앞, 옆에서 본 모양을 보고 만든 입체 모양을 찾아 ○하세요.

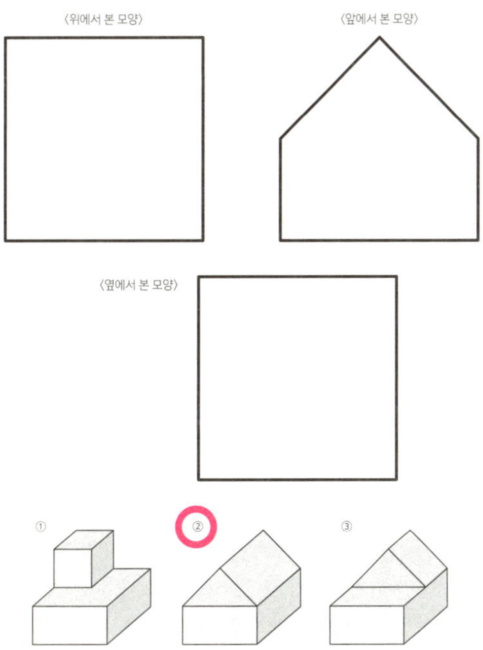

p.37

모양 맞추기

위, 앞, 옆에서 본 모양을 보고 만든 입체 모양을 찾아 ○하세요.

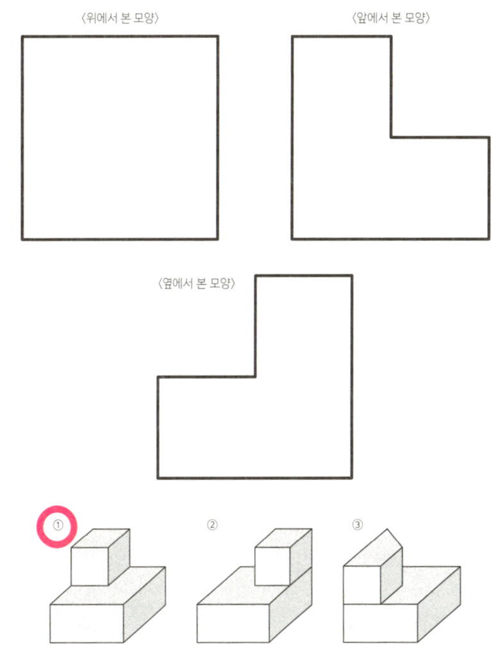

정답 제시된 방법 외에 다양한 답이 나올 수 있습니다.

p.38 p.39

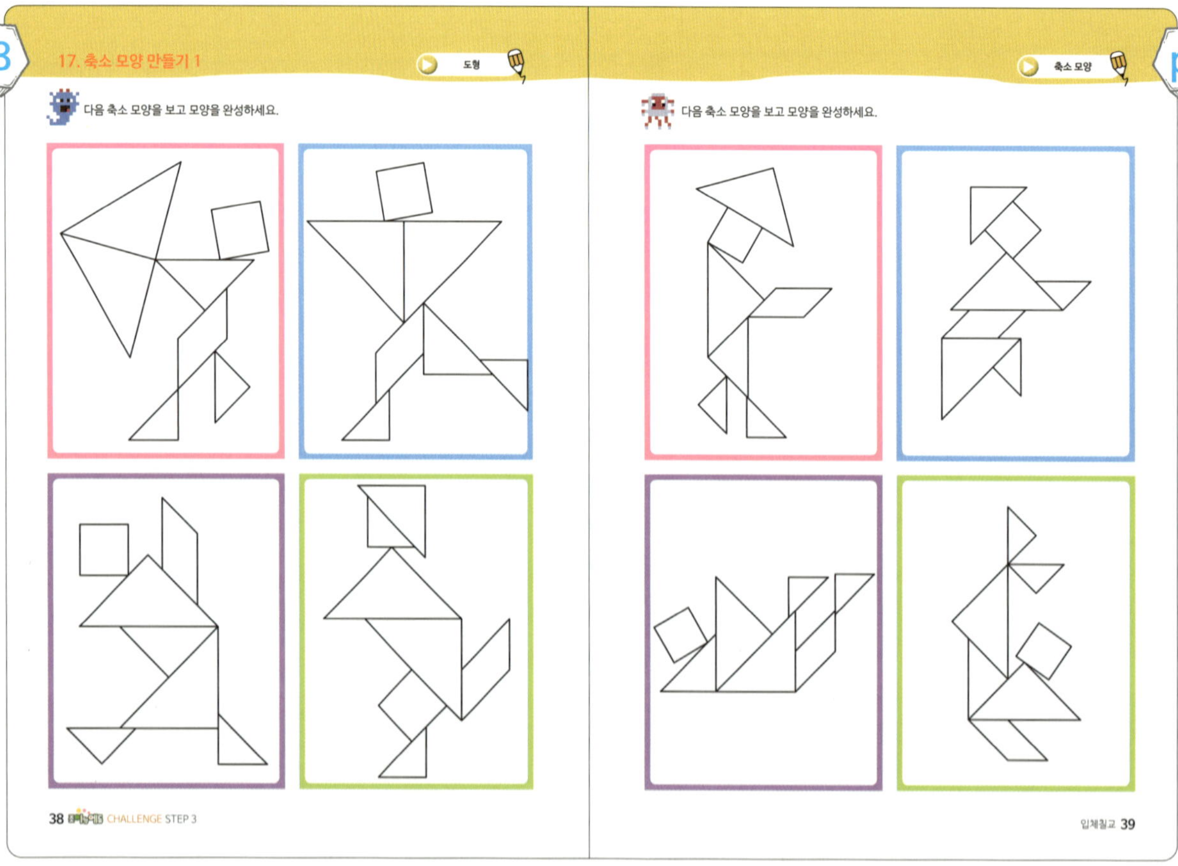
17. 축소 모양 만들기 1

도형

다음 축소 모양을 보고 모양을 완성하세요.

38 조이앤에듀 CHALLENGE STEP 3

축소 모양

다음 축소 모양을 보고 모양을 완성하세요.

입체칠교 39

p.40 p.41

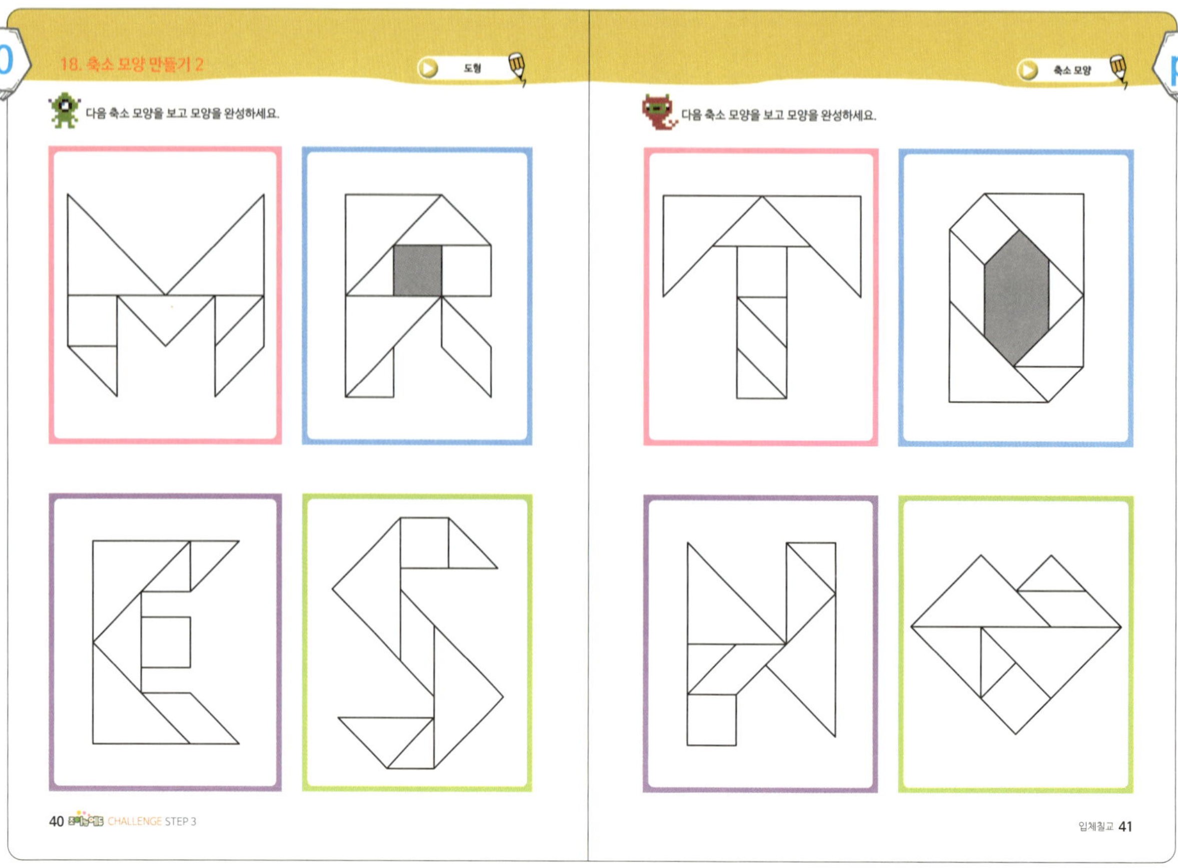
18. 축소 모양 만들기 2

도형

다음 축소 모양을 보고 모양을 완성하세요.

40 조이앤에듀 CHALLENGE STEP 3

축소 모양

다음 축소 모양을 보고 모양을 완성하세요.

입체칠교 41

제시된 방법 외에 다양한 답이 나올 수 있습니다.

p.42

19. 7조각 입체 활동 1

도형

다음 입체 모양을 만들어 보세요.

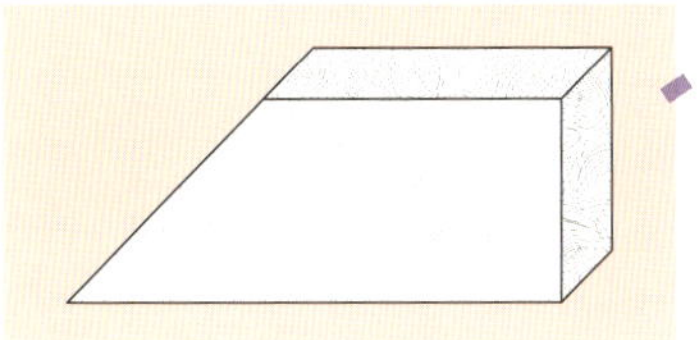

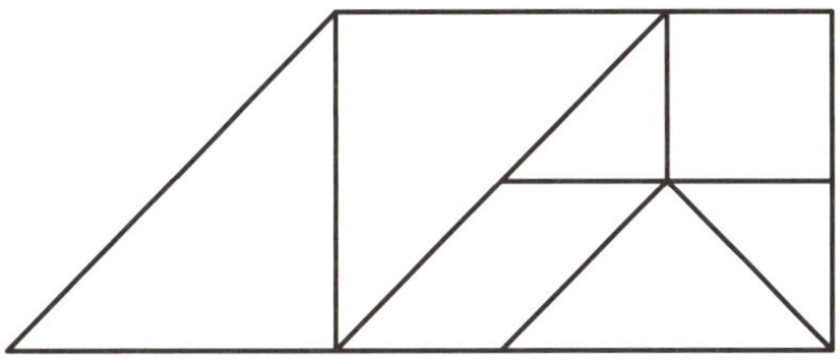

p.43

입체 모양 만들기

다음 입체 모양을 만들어 보세요.

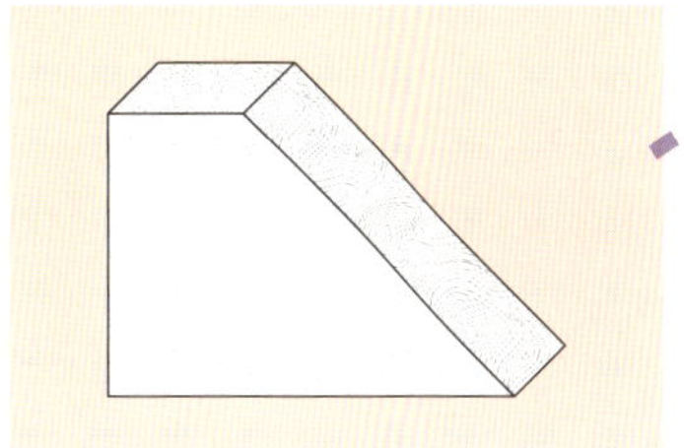

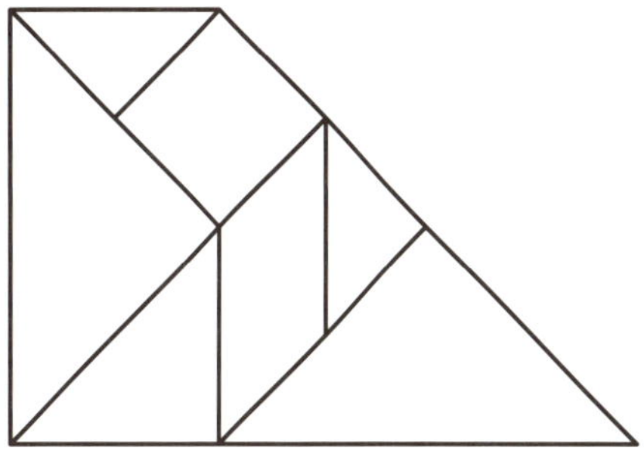

p.44

20. 7조각 입체 활동 2

도형

7조각을 모두 사용하여 다음 입체 모양을 만들어 보세요.

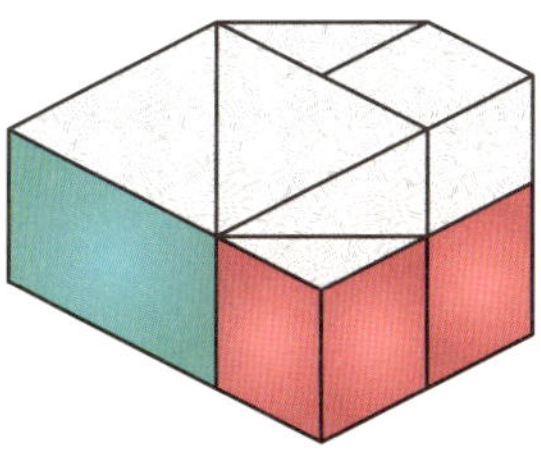

p.45

입체 모양 만들기

7조각을 모두 사용하여 다음 입체 모양을 만들어 보세요.

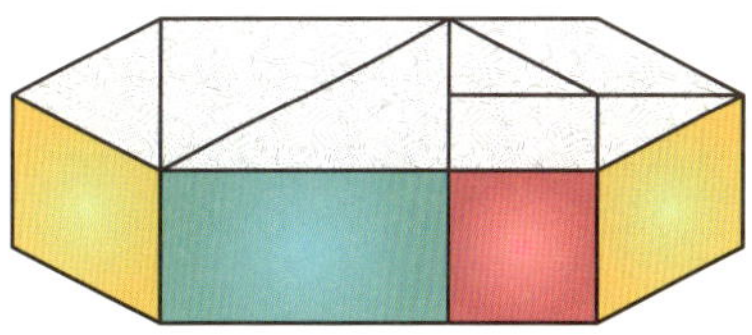

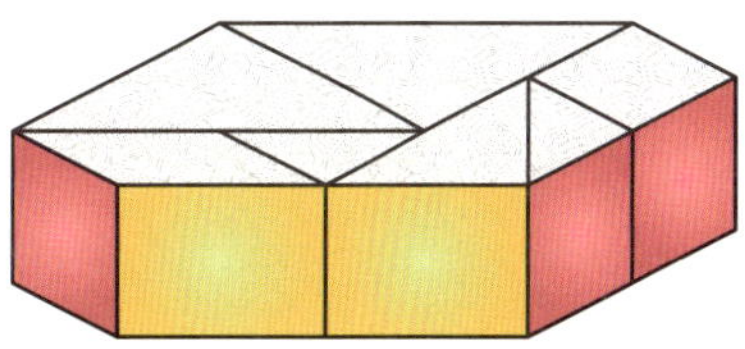

MEMO

이름 스티커

작은 삼각형	작은 삼각형	작은 삼각형	작은 삼각형
중간 삼각형		중간 삼각형	
큰 삼각형	큰 삼각형	큰 삼각형	큰 삼각형
정사각형		정사각형	
평행사변형		평행사변형	

입체 칠교 옆면 스티커

몬스터 매스